VICTOR BRANTS

LÉGISLATION DU TRAVAIL
COMPARÉE ET INTERNATIONALE

ESSAI D'INTRODUCTION

Elibron Classics
www.elibron.com

Elibron Classics series.

ISBN 1-4212-3444-0 (paperback)
ISBN 1-4212-3443-2 (hardcover)

This Elibron Classics Replica Edition is an unabridged facsimile of the edition published in 1903 by Ch. Peeters; V. Lecoffre, Louvain; Paris.

LÉGISLATION DU TRAVAIL

COMPARÉE ET INTERNATIONALE

—

LÉGISLATION DU TRAVAIL

COMPARÉE ET INTERNATIONALE

ESSAI D'INTRODUCTION

PAR

VICTOR BRANTS

PROFESSEUR A L'UNIVERSITÉ DE LOUVAIN
MEMBRE DE L'ACADÉMIE ROYALE
MEMBRE DU CONSEIL SUPÉRIEUR DU TRAVAIL
SECRÉTAIRE PERPÉTUEL DE LA SOCIÉTÉ D'ÉCONOMIE SOCIALE

LOUVAIN
CH. PEETERS, ÉDITEUR
RUE DE NAMUR, 20

PARIS
LIBRAIRIE V. LECOFFRE
RUE BONAPARTE, 90

1903

TABLE DES MATIÈRES.

ANNEXES.

PRÉFACE.

La législation du travail se développe. Presque partout, elle forme un ensemble assez touffu. Plusieurs États en ont fait un *code*. Ces lois ont des traits communs dans les divers pays; elles présentent aussi des différences sensibles. On les a étudiées, comparées entre elles ; on a préconisé à la suite de ces études, des modifications aux lois existantes. On appuie ou on combat une mesure, en invoquant l'exemple des autres nations. On préconise l'adoption de mesures générales, ou équivalentes dans les divers pays. Bref, on fait partout de la législation comparée ; on parle partout de législation internationale, pour la réglementation, la protection du travail industriel.

Il y a des mesures législatives qui s'imposent à tous les pays, telle, en matière ouvrière, la protection de l'enfance; alors c'est l'organisation de la loi qui attire l'attention. D'autres mesures sont discutées, leur efficacité, leur avantage sont contestés. On peut les étudier au point de vue de la doctrine, et cette étude est fondamentale, puis on examine leur mise en œuvre, leurs effets. Nous n'étudions pas ici le rôle du législateur, ni les devoirs qui lui incombent. Nous ne parlons pas de l'étude théorique ou doctrinale des lois. Nous ne songeons qu'à examiner comment, et avec quel profit, on peut se servir de la *législation comparée.* Nous croyons bon d'en tracer quelques conditions et précautious parfois méconnues. Elle demande prudence et méthode réfléchie. Nous n'avons d'autre but, dans ces quelques pages, que d'examiner l'usage et l'abus qu'on peut faire de la comparaison et de l'imitation des lois, de voir dans quelle mesure pratique, on peut arriver à mettre d'accord la législation de pays divers. On verra d'ailleurs que parmi ces notes il en est un bon nombre qui peuvent s'appliquer à d'autres matières que celles des *lois sur le travail.* Mais nous nous plaçons surtout au point de vue de celles-ci. Ces quelques mots limitent le sujet qui va nous occuper.

Notre but ici, n'est donc pas d'étudier les lois ou de les comparer entre elles, mais bien de soumettre quelques réflexions sur ce genre d'études lui-même, sa méthode, sur l'effet pratique de ces recherches, sur leurs conclusions, — sur le sort enfin qui paraît réservé actuellement aux tentatives d'action internationale, en cette matière. Sans avoir la prétention d'en tracer toute la méthode, c'est bien une *étude de méthode*, et, comme le dit notre titre, une introduction à l'étude de la matière elle-même. Telle qu'elle est, elle ne présente encore qu'un *aperçu*; c'est un essai, qui pourrait comporter d'amples et importants développements.

Louvain 15 octobre 1902.

PREMIÈRE PARTIE.

La Législation comparée.

CHAPITRE PREMIER.

Comment on fait utilement de la législation comparée.

On fait, de toutes parts et en toute matière, de la législation comparée. C'est un genre de travail fort en honneur. On se pique, pour chaque question, de savoir ce qu'ont fait à son propos les gouvernements des pays voisins ou lointains. Tout cela est excellent, et on ne peut qu'approuver ce souci de profiter de la sagesse et des expériences d'autrui ! Mais si excellent que soit ce genre d'étude, encore faut-il y suivre certaines règles, se garer de certains dangers qui y surgissent.

Une société française qui a rendu en cette matière de précieux services, qui a été l'initiatrice de ces études dans son pays, la *Société de législation comparée* de Paris, a cru déjà devoir elle-même prémunir contre ces dangers. Elle l'a fait par l'organe de deux de ses présidents, MM. Aucoc et Lyon Caen (1). Dans l'entraînement de ces études, qui semblent fournir des arguments faciles, et parfois dispenser des autres, il y a peut-être lieu d'insister sur l'usage qu'on peut en faire, sur la manière même de s'y livrer et d'en tirer des conclusions. C'est le but que nous nous proposons. Personne ne conteste les avantages de l'étude des législations étrangères. Raison de plus pour en préciser, si possible, la méthode et la juste mesure.

Il nous apparaît dans les travaux de législation comparée, trois difficultés principales qui sont la source de dangers faciles à saisir : la *connaissance imparfaite* des lois mêmes qu'on veut étudier, — leur *appréciation inexacte ou incomplète*, — *l'imitation précipitée ou inconsidérée* qu'on en voudrait faire en d'autres pays.

*
* *

La première difficulté est toute matérielle; elle consiste dans la connaissance des textes eux-mêmes. Il semble qu'un document officiel soit chose

(1) Aucoc. *L'usage et l'abus en matière de législation comparée.* Bulletin de la Société, n° de février 1892. — Ch. Lyon Caen, *Des obstacles aux progrès de la législation comparée*, n° de février 1897.

aisée à se procurer; nombreux sont aussi les recueils qui les indiquent. Mais leur nombre et leur multiplicité, les fréquents changements qu'ils subissent, créent cependant une difficulté sérieuse. A chaque loi vient se joindre une série d'arrêtés, de circulaires, qui se modifient plus souvent encore. Il existe des institutions, sociétés ou bulletins, qui ont pour but de procurer ces matériaux, mais l'œuvre est laborieuse. On a pu le constater quand en 1901, à la conférence de Bâle, on songea à publier la collection des lois ouvrières ; on dut reculer, au moins pour le moment, et se borner à demander une indication précise des sources où on peut se procurer les textes et la publication des lois nouvelles. La mobilité de ces lois, surtout de celles qui concernent les matières ouvrières dont le système est comme encore en formation, fait que toujours il faut être en haleine ; le répertoire doit être périodique, tenu à jour. Et certes malgré la multiplicité des recueils généraux et spéciaux, il y a là une difficulté très appréciable.

Puis vient la question de langue. Sans doute, on ne peut connaître la langue originale de tout texte qu'on consulte ; ceci peut être un obstacle, car il ne suffit pas de traduire le langage usuel pour interpréter exactement un texte législatif. Il y fourmille de termes techniques, juridiques ou autres, qui demandent une initiation spéciale. Il faut se garer des traductions superficielles. En matière de lois, où chaque mot porte, il faut plus qu'en aucun autre genre, se méfier du danger des traductions. Il y a toute une série de *termes* plus ou moins techniques, ou qui sont pris dans une acception particulière; cela peut mener à de vraies confusions; le Digeste de Justinien avait tout un titre *De verborum significatione*, et souvent les lois anglaises débutent par des *définitions*, précisant le sens des mots qu'elles emploient. Ce sens peut différer de pays à pays. Prenons quelques cas : quel est le sens précis, du mot *fabrique* ou *atelier* dans une loi sur l'industrie — du mot *ouvrier* — du mot *opération à terme (Zeitgeschaeft)* en matière de bourse? — En Autriche on appelle *Gewerbe genossenschaften* les corps de métier légaux ou corporatifs de la petite industrie; en Allemagne, on les appelle *Innungen*, et le mot *Genossenschaften* rappelle plutôt l'idée *coopérative*. Tous ces mots : association, société, union, syndicat, *Verein*, *Genossenschaft*, *Gesellschaft*, etc. ont des significations conventionnelles, usuelles et variées de pays à pays. Il faut bien s'y reconnaître, à peine de confusions inextricables et de fâcheuses erreurs!

A défaut de connaître soi-même la langue de la loi qu'on invoque, ce qui n'est pas toujours possible si l'on veut élargir les comparaisons, il faut donc tout au moins choisir avec soin son traducteur et s'assurer, par quelque contrôle, de la valeur de son travail.

Mais on s'abuserait étrangement de croire que même matériellement *tout est là*. En matière de législation du travail industriel, le texte écrit certes est beaucoup, dans les pays compliqués de l'Europe centrale et occidentale surtout. En cette matière, on a légiféré en abondance dans le siècle qui vient de finir. Mais ce texte écrit n'est pas tout, même dans ces pays ; — pour d'autres matières, le travail rural par exemple ; dans d'autres pays, comme ceux d'Orient, la coutume a encore un champ très vaste ; le code Napoléon même y fait appel ; et dans le *contrat de travail industriel*, bien que les lois récentes en aient restreint le champ, l'usage a une part importante. Dans l'étude des règles qui régissent les peuples, la difficulté de connaître la coutume est assurément bien plus grande, et cependant elle fait bien partie, dans une certaine mesure, de la législation existante.

*
* *

Mais prenons qu'on soit en possession d'un texte concret positif, correct et sûr ; tout n'est pas fait ; il ne s'agit pas seulement de faire une compilation de textes même exacts ; la grosse difficulté est de les interpréter convenablement (1). Et ici la besogne s'élargit notablement, devient plus ardue.

(1) R. SALEILLES. Rapport présenté à la commission d'organisation du Congrès de droit comparé à Paris en 1900, sur l'utilité, le but et le programme du Congrès.

Et quand nous parlons d'interpréter, nous prenons le mot en effet dans son sens le plus étendu. Il y a une interprétation qui consiste à bien savoir ce que la loi *veut dire*, sa portée, ses applications éventuelles. Elle est nécessaire tout d'abord. La loi va se préciser, d'après les règles ordinaires, par les travaux préparatoires, par la doctrine, par la jurisprudence judiciaire et administrative. Il y a là une série de documents à grouper, à analyser. C'est ainsi seulement qu'on connaît bien la loi elle-même, cela est de notoriété vulgaire.

Puis, il s'agit non seulement d'examiner ce que la loi *veut dire*, ce qu'*elle dit*, mais ce qu'on lui *fait dire* en pratique, quelle est la mesure dans laquelle elle est appliquée, observée. Cette interprétation est indispensable dans tout le domaine de la loi positive, surtout quand on songe à en tirer argument pour l'imiter.

Et ici nous entrons en plein dans la seconde difficulté signalée au début de ce chapitre ; *il faut, pour apprécier la loi, savoir comment on l'exécute.*

Il en est ainsi des lois civiles elles-mêmes dont l'application ressortit aux tribunaux, des lois pénales,... de toutes les lois enfin et spécialement de celles qui, pour être appliquées, demandent le fonctionnement d'une surveillance, d'une *inspection*.

*
* *

La nécessité d'une étude des applications n'est-elle pas évidente? Nous n'avons pas ici à faire une théorie de l'interprétation des lois, mais qui peut en contester la diversité? Même sous le régime des textes écrits, la place reste ouverte, en certaine mesure, aux variétés d'application, et combien de lois elles-mêmes laissent, volontairement très large, cette initiative du juge ou du fonctionnaire. Il en est ainsi bien plus encore, parce que la méthode et l'étendue des systèmes d'interprétation sont fort divergentes. Il y des écoles, des tendances plus ou moins actives et hardies. Il en est qui nient tous *principes* juridiques ; il en est qui règlent et canalisent les interprétations. Le rôle de la jurisprudence, judiciaire et administrative est en somme fort étendu, en fait (1). Il tend à s'élargir sous la pression de l'actif mouvement des idées modernes, si souvent même subversives. Et pour ceux même qui ne vont pas aux audaces téméraires, n'y a t-il pas nécessairement une foule de points que la loi positive ne peut prévoir, sous peine d'enserrer la pratique dans des cercles de fer intolérables? N'y a-t-il pas un rôle toujours, et un rôle prévu, de la coutume, des usages, un rôle des recherches scientifiques et des principes, qui subsiste à côté de l'interprétation des textes mêmes; n'y a-t-il pas des notions comme celles de l'*ordre public*, des *bonnes mœurs*, dont il faut

(1) Entre autres : Raoul de la Grasserie. *De l'interprétation judiciaire et législative des lois*. Paris, Chevalier-Marescq, 1891, etc.

saisir la portée. Elles ont un sens, elles doivent en avoir un, c'est clair, mais l'étude de la législation comparée doit s'enquérir de celui qu'on lui donne.

« Entre la conception vivante qu'enserre le texte et les appoints qui lui viennent du dehors, de la vie économique et du milieu social, se fait un échange incessant d'actions et de réactions, par où se réalise le progrès juridique ; sans secousse profonde, sans *à coup* et sans révolutions brusques, par la seule intervention de la jurisprudence, non plus chargée de s'asservir à un texte mort, mais seul pouvoir effectif qui ait pour fonction de développer un texte nécessairement vivant. » Tel est une des méthodes. D'autres à côté du texte positif lui-même, reconnaissent à la coutume, à la tradition, à la science comme un pouvoir législatif direct, dont il s'agit seulement de préciser la part.

Avec telle ou telle méthode, que je me borne ici à signaler, sans pouvoir en aborder la critique, on voit comme se réduit la part du texte écrit et impératif isolé (1).

Autrefois même, sans doute, on admettait que dans la *confection* des lois, il fallait tenir compte des faits et des milieux, pour sagement appliquer les principes, aujourd'hui, de plus en plus, on fait

(1) On est loin, remarquait-on récemment, du système qui se résume dans cette phrase caractéristique : Je ne connais pas le droit civil, je ne connais que le code Napoléon. Cf. Van Damme. *L'interprétation des lois*. Conférence au Jeune Barreau. (*Journal des tribunaux*. Bruxelles 15 juin 1902).

entrer cet élément dans l'*interprétation* des lois(1).

Nous n'avons pas à juger ici toutes ces tendances ! Celles que domine l'idée de l'évolution intégrale, sont condamnables. D'autre part se justifie celle qui se borne à appliquer sagement aux faits sociaux, des règles qui par elles-mêmes admettent ou exigent de l'élasticité. Mais il nous suffit ici de signaler ces méthodes, ces tendances, surtout celles qui sont hardies, pour faire saisir du même coup la difficulté d'étude de la législation comparée. Il y a là, on le voit, plus, nécessairement plus que de matérielles juxtapositions de textes ; il y a une étude de loi vécue et appliquée.

Ne citons que quelques exemples pratiques pris même en dehors de notre sujet. Les sociétés sans but lucratif n'ont été longtemps et ne sont encore en divers pays, réglées par aucune loi organique. Quelle est leur situation, par l'interprétation des règles générales ? (2) Et là même où il y a des lois générales comme le Code civil allemand de 1900, la loi hollandaise de 1855, la loi française enfin de 1901, combien est suggestive et importante, l'application qu'on en fait !

(1) On a beaucoup écrit sur ces matières, notamment un ouvrage étendu : *Méthode d'interprétation et sources en droit privé positif. Essai critique* par François Geny, professeur de droit civil à l'Université de Dijon, précédé d'une préface de M. R. Saleilles prof. de droit civil à l'Université de Paris. Paris, Marescq. 1899.

(2) Van den Heuvel. *Des associations sans but lucratif en France et en Belgique*. Bruxelles, 1884. — Marquis de Vareilles-Sommières, *Les personnes morales*. Paris 1902, etc.

Le régime des opérations de bourse, la notion du jeu, de l'exception de jeu ne sont-ils pas très intéressants dans leur jurisprudence?

La responsabilité des accidents du travail est presque partout actuellement l'objet de lois spéciales. Mais quelle variété de jurisprudence, tant qu'elle demeura sous le régime du droit civil commun!

Le décret français du 2 mars 1848, prohibait le marchandage; un arrêt de cassation du 31 janvier 1901, n'y voit qu'une condamnation de l'*exploitation* des ouvriers par ce moyen (1).

La loi française du 27 décembre 1890, règle le droit de résiliation du louage de services. D'abondantes controverses ont surgi sur ce qui peut-être une résiliation abusive (2).

La concurrence déloyale est réglée en Allemagne par une loi spéciale de 1896. En France et en Belgique, on est couvert par le principe *aquilien* de l'art. 1382 du code civil. Que faut-il préférer? La loi spéciale, assez détaillée, ou le principe général; ou leur combinaison avec une jurisprudence bien formée? (3).

(1) RAOUL JAY, *Le marchandage et le décret du 2 mars 1848. Revue d'économie politique*, février 1900. Arrêt de cassation (chambres réunies) 16 février 1900. *Bull. office du travail*. France 1900, p. 264.

(3) Entre autres : E. BARTHELEMY. *De la résiliation du louage de services*. Paris, 1896. HUBERT VALLEROUX, *Contrat de travail*, 1895, p. 384, etc. Arrêt de cassation du 18 juillet 1899. *Bull. office du travail*. France, 1900, p. 175, etc.

(3) JUL. BACHEM. *Wie ist dem unlautern Wettbewerb zu begegnen?* Cologne, 1893, etc. Et à ce sujet la jurisprudence même du principe de

En Allemagne, la jurisprudence de la cour suprême de Leipzig, dans un arrêt célèbre du 10 novembre 1887, a déterminé le sens de l'art. 152 du code industriel relatif à la légitimité des *ententes et associations* faites en vue de modifier les conditions du salaire et du travail, en décidant qu'il ne pouvait s'y agir que des contrats *concrets* réglant une situation déterminée, et non de l'état général ; cette limitation n'est-elle pas d'une importance énorme ? (1)

On pourrait multiplier ces exemples !

L'importance de la jurisprudence est d'autant plus grande, dans cette matière, qu'on apprécie plus largement son rôle. La direction dans laquelle est aiguillée une jurisprudence peut modifier la portée d'une législation. Quel rôle assigne-t on, dans l'esprit de la magistrature, au texte écrit ; quelle est la force de la coutume, de l'autorité, celle de l'initiative de la recherche scientifique dans le pays qu'on étudie ? Non seulement, on arrive à compléter les textes, mais on en va parfois à les dénaturer, à en altérer le sens. Des méthodes, des théories, plus ou moins novatrices, parfois radicales, quelle influence n'ont-elles pas sur l'appréciation d'une loi !

*
* *

l'art. 1382 n'a-t-elle pas sa grande importance ? De même en Hollande, PYFFEROEN, *La petite bourgeoisie aux Pays-Bas*. Bruxelles 1902. p. 215 etc.

(1) Notre étude sur *les associations ouvrières en Allemagne*. *Revue Générale*. Bruxelles, mars 1899 et mai 1902.

Quand il s'agit à la fois de jurisprudence *administrative* et judiciaire, d'appréciation des fonctionnaires, le domaine de l'interprétation est plus large encore.

Nous ne parlons pas seulement des *ordonnances* ou *arrêtés* d'exécution, qui font partie du système impératif, mais des décisions d'espèces particulières, des coutumes, de la *jurisprudence* administrative, où les *précédents* sont souvent plus tyranniques qu'ailleurs.

Les lois sur le régime du travail n'ont pas toutes la même extension. Il en est qui s'appliquent aux *fabriques*, d'autres aux *ateliers*. Que faut-il entendre par ces mots? où commence la fabrique, et quels en sont les éléments constitutifs? (1)

Et en matière de mesures exécutoires de toutes sortes... hygiène, établissements dangereux, police, etc.

* * *

Ceci nous mène à l'exécution des lois, leur mise en œuvre effective, leur efficacité pratique.

L'exécution d'une loi dépend et des particuliers et des autorités. Des particuliers, quand il s'agit de lois « mises à la disposition » des intérêts qui veulent s'organiser, ou s'en servir, comme beaucoup de celles qui concernent les contrats, et bien d'autres encore. Or il y a des lois qui sont lettre

(1) K. Frankenstein. *Der Arbeiterschutz. Seine Theorie und Politik.* Leipzig, 1896, p. 17, etc.

morte, dont on ne se sert jamais ou presque jamais, ou dont l'usage a disparu, etc. Va-t-on négliger cette étude ou cette recherche? Sans doute ce n'est plus de la législation comparée, mais cela y tient de si près... et que signifie une loi — fût-elle très belle — si on ne l'utilise pas? La jument de Roland!

Exemples de lois diverses à ce point de vue : Il y a en France une loi de 1851, sur le contrat d'apprentissage; en fait ce contrat est devenu rare. Va-t-on apprécier l'*état* de l'apprentissage en France d'après le texte de la loi?

En Belgique, depuis 1872, les statuts de la Banque nationale, renferment un article l'autorisant à concourir à la formation et à la gestion de *clearing houses*; de même les statuts portent que la banque est tenue d'avoir une encaisse métallique égale au tiers du montant de ses billets et de ses autres engagements à vue, sauf autorisation du ministre des finances. Va-t-on décrire d'*après ces textes*, le régime de la circulation fiduciaire en Belgique?

Et la loi belge de 1884, sur le *crédit rural*; et la loi française de 1898, sur les *warrants* agricoles?

Une loi sur les unions professionnelles? Va-t-on l'apprécier sans tenir compte de l'usage qu'on en fait?

Puis il y a l'action de l'autorité, celle de l'inspection. *Tant vaut l'inspection, tant vaut la loi* bien souvent, pour tout ce qui est mesure de police. Or, ici que de variétés et d'inégalités! Il y a des inspections sévères, il en est de tracassières, il en est d'... autres. Il en est d'optimistes. Il en est d'impartiales, il en est de *politiques* et même de vénales. Va-t-on faire abstraction de ce point de vue? Mais *c'est la vie même de la loi* de police!

Quel usage fait-on des exemptions, des exceptions que prévoit la loi, qui en sont parfois la soupape de sûreté nécessaire, parfois aussi l' « échappatoire », et qu'il faut calculer et connaître pour juger son action?

La loi qui établit un minimum d'âge des enfants pour l'admission au travail est presque partout appliquée très sérieusement dans les fabriques. Voilà un résultat acquis sauf en quelques pays méridionaux.

La loi française de 1892 établissant le travail de 10 1/2 heures pour les enfants, fut longtemps lettre morte, avant d'être modifiée par celle de 1900.

L'Autriche a une loi, qui date de 1885, limitant à 11 heures la journée normale de travail. La loi a réalisé des progrès, elle n'a pas réussi à atteindre tout son but en un coup. Ces transitions sont toutes dans la pratique; longtemps l'inspection centrale ignora même le nombre des exceptions accordées par les fonctionnaires locaux. Elle les connaît et les publie maintenant.

En Suisse, l'exécution de certaines lois est

surtout cantonale ; on voit la mesure de l'exécution à rechercher. En Allemagne aussi l'inspection n'est pas centralisée, et il y a des différences d'État à État.

En divers pays, les autorités locales sont chargées de l'exécution de certaines lois. Quel zèle y mettent-elles. Leur intérêt politique peut l'enrayer, suivant que leur situation peut dépendre des administrés. Qui ne connaît l'exemple de la répression de l'ivresse publique laissée aux soins de magistrats électifs.

Et il y a ensuite les infractions commises, dont il faudrait savoir le nombre, l'importance ; l'extension de la loi qu'il faut estimer. Comment surveiller la petite industrie si nombreuse et éparse, plus encore le travail à domicile même non strictement familial ?

Ces exemples suffisent. Ce ne sont que des exemples.

Tout cela, il faut s'en rendre compte pour apprécier la loi en elle-même. Combien davantage encore faut-il indaguer pour arriver à une appréciation complète, c'est-à-dire à juger ses *résultats !*

Or, il faut en convenir, c'est par là finalement, par les effets pratiques sur la vie publique et privée, qu'il faut apprécier la loi. Et nous touchons ici au vrai cœur de la difficulté. Il ne suffit pas, pour une loi, de l'apprécier *en théorie*. Il faut la juger dans ses conséquences.

*
* *

Il ne suffit pas de constater que la loi vit et fonctionne, il faut étudier ses *effets*. Or, il y en a de diverses sortes ; il y a *ce qu'on voit* et *ce qu'on ne voit pas*, suivant le mot connu de Bastiat. On voit l'effet immédiat, on ne voit pas tout de suite les effets de contre-coup, de ricochet.

En matières d'impôts, il y a l'*assiette* ou base immédiate, et l'*incidence*, c'est-à-dire ce phénomène bien connu de répercussion, de diffusion, si malaisé à calculer, qui fait l'objet incessant et tracassant des conjectures et des calculs financiers. Toutes les lois ont en quelque sorte leur incidence, leur répercussion, qu'il y a lieu de rechercher.

Il y a des lois pour lesquelles l'intérêt surexcité a poussé déjà très loin ces investigations, mais les controverses prouvent que les liens de causalité sont souvent malaisés à saisir.

Soit par exemple le régime d'assurance obligatoire contre les accidents du travail organisé d'abord par l'Allemagne en 1884. Le résultat direct du nombre des assurés, des indemnités, etc., est déterminé très sûrement. On constate aussi une augmentation notable dans les relevés de certains accidents moins graves. Que signifie cette augmentation ? Est-elle en rapport avec la diminution du sentiment de responsabilité ? N'est-elle au contraire que fictive, apparente, et le résultat d'un fonctionnement plus exact des appareils de constatation, et de déclarations plus nombreuses ?

On empêche les enfants d'aller à la fabrique, avant tel âge : que feront-ils? Ici, c'est partout constaté, il y a lieu d'adapter l'âge d'admission au travail avec la fin du cycle scolaire. Mais s'ils ne vont pas à l'usine, vont-ils à l'école? où vont-ils? quel en est l'emploi? On sait que la question est fort discutée, on se plaint d'une foule d'emplois des jeunes enfants (1). Nous pourrions aller loin dans l'énumération de ces exemples. En Belgique citons-en encore un, qui était prévu. On interdit par la loi du 13 décembre 1889 aux filles de descendre dans les mines. Le nombre des femmes diminue parce qu'on y descend jeune ou plus du tout. Effet indirect.

On établit une loi fixant une journée maxima de travail; quels en ont été et les applications et les résultats pratiques? directs et indirects? sur la force productive, sur l'outillage, sur les salaires etc?

Pourrait-on se borner, en France, à *constater* la loi de 1900 réduisant la journée de travail? à *analyser* le décret sur les conseils syndicaux du travail? (2)

Il faut, pour bien connaître la loi, la juger en

(1) Notre étude sur *Le travail des enfants en Allemagne*. Réforme sociale. Paris, 1899. Le gouvernement allemand a ouvert une enquête et déposé en 1902 un projet de loi à ce sujet. *Arbeiterwohl*. Cologne, nos 3 à 5. 1902.

(2) Nos études sur le *Mouvement syndical en France : Revue sociale catholique*, Louvain, février 1901 et *Revue générale*, Bruxelles, juillet 1902.

connaissance de cause, combiner tous ces éléments, établir si l'on peut ainsi parler le bilan, le budget de la loi par actif et passif.

Nous ne puisons guère nos exemples que dans la législation économico-sociale. Il y en a des masses; M. Aucoc en a cité en matière de droit public; il en est de même en matière de finances : impôt sur le revenu et ses diverses formes etc. C'est ce que le premier directeur de l'Office belge du travail M. Morisseaux (1) appela un jour avec raison, établir le *prix de revient* de la loi en mettant en balance ses avantages et ses inconvénients.

C'est ce que souvent on s'efforce de faire, sans doute, mais c'est évidemment une œuvre patiente et laborieuse; ce que nous en disons n'a nullement pour but de décourager le travail, mais de préciser sa signification, de le rendre utile. Il en est en somme de même de toutes choses, des institutions libres comme des lois : formes de salaires, participation aux bénéfices, coopératives, que sais-je? Pour tout il faut procéder ainsi, par *actif* et *passif*, faire le bilan de l'institution. En matière de lois, s'il y a lieu d'y insister davantage c'est que la loi elle-même, par son existence seule, paraît créer un précédent, c'est-à-dire un argument ou une présomption favorable, et cette idée a son danger.

*
* *

(1) *La loi Suisse sur le travail des adultes dans la pratique.* Revue générale de Bruxelles, avril 1892.

Et il faut encore aller plus loin. Parmi les écueils de la législation comparée, nous avons signalé l'imitation précipitée ou inconsidérée. Et de fait, selon qu'un pays exerce quelque influence dans le monde soit scientifique soit même politique, on est un peu trop porté à accueillir ce qui vient de lui en matière législative, et à se l'adapter. Citons un passage pittoresque de Léon Say : (1) « La fureur d'importer les habitudes d'un autre pays dans le sien, devient quelquefois une manie ; il faut se garer de cette manie. Il est facile de s'en préserver d'ailleurs, quand on procède scientifiquement et sans parti pris. Si c'est moins simple, c'est plus sûr ; quoi de plus simple en effet que de ramasser dans un voyage, une plante parce qu'on la trouve belle et de l'emporter pour en orner son jardin, mais quoi de moins sûr que de tenter une semblable acclimatation...? Il en est des lois comme des plantes, il leur faut un sol favorable et des conditions naturelles de développement. »

Qu'il y ait des lois mauvaises, en elles-mêmes cela va de soi, et dès lors il ne faut pas les imiter, c'est évident ; mais, outre cela, toute expérience même bien constatée n'entraîne pas nécessairement une conclusion conforme partout.

Pour apprécier la valeur d'une loi, il faut la

(1) *Le socialisme d'État*, Paris, 1884, p. 10.

placer dans son milieu, la juger d'après les circonstances qui l'ont vu naître. On peut constater l'échec de certaines lois anglaises sur la conciliation, et on cherche, avec plus ou moins de raison, à l'expliquer *parce que* l'initiative privée se passait de la loi pour faire la conciliation ; et le sens de cette constatation serait bien différent. En France on ne peut interpréter au même point de vue les résultats de la loi de 1892 sur l'arbitrage (1).

Le caractère d'une institution et son rôle, ne sont-ils pas bien différents dans un pays où le trade-unionisme est florissant, reconnu comme une puissance sociale, tel que l'Angleterre, et les pays germaniques où les sociétés ouvrières sont encore tout au plus l'objet d'une tolérance pleine de défiance malgré les efforts de quelques *sozial politiker* très en vue? Il y a là plus qu'un fait de législation positive, il y a une tendance gouvernementale, un trait de l'esprit général qui caractérise *le milieu* et qu'on ne peut méconnaître pour pouvoir juger de l'ensemble et de la signification des statistiques.

Certes, il y a des lois nécessaires, et qu'imposent partout des considérations souveraines de morale ou d'intérêt général, mais il y a aussi

(1) Cf. G. Watrelot. *La conciliation et l'arbitrage dans les conflits collectifs entre patrons et ouvriers*. Paris, 1896, et les statistiques officielles annuelles du ministére du commerce en France sur *les grèves et les recours à la conciliation*.

beaucoup de différences de détails, d'organisation, d'exécution. N'exagérons pas cependant. Gardons-nous de ne voir dans les lois qu'une sorte de *flore* locale, pour reprendre la comparaison de Léon Say. Si jolie qu'elle soit, elle est dangereuse; car la loi n'est pas un produit, elle est une règle, réfléchie et combinée pour le bien. Dans les États arrivés à un certain degré d'intensité industrielle, il y a comme un minimum de mesures qui finit dans la réalité par s'imposer à tous, constitue une sorte de législation internationale de fait, reconnue opportune, nécessaire même partout, sous la pression des idées et des circonstances. Nous y reviendrons plus loin. Mais les divers États y arrivent par des voies diverses, emploient des procédés différents, selon leur caractère et leur situation. Ces circonstances naturelles ou historiques ne peuvent prévaloir contre des principes, mais servent à éclairer l'application (1). L'intervention de la loi dans la sphère économique n'a pas en pratique une limite absolue; il y a une question de mesure variable suivant les temps et les lieux, comme peut être variable son utilité, sa possibilité même. Des lois légitimes, bienfaisantes ici, peuvent être nuisibles, voire abusives, ailleurs; *possibles* ici, elles peuvent ne pas l'être ailleurs, et la

(1) Cf. nos volumes : *Lois et méthode de l'économie politique*. 2e éd. Louvain, *Ch. Peeters*, 1887, p. 53, et *Les grandes lignes de l'économie politique*. *Ibid.* 1901, p. 78, 545, etc.

meilleure loi théorique peut ne pas être toujours celle qui réalise le plus de bien dans un milieu donné (1).

Qui plus est, il est des circonstances d'ordre tout concret, matériel qui rendent forcément les lois différentes dans leurs détails. L'inégalité de développement physique peut expliquer une différence dans l'âge requis pour l'admission au travail : la conférence internationale concernant le règlement du travail, réunie à Berlin en 1890, adoptait la limite d'âge de 12 ans pour l'admission des enfants au travail, mais rabaissait cette limite à dix ans pour les pays méridionaux (2).

Faut-il, dans un ordre d'idées voisin, citer l'exemple du régime douanier si l'on se place au point de vue protectionniste, et faire remarquer combien différents sont ici les intérêts invoqués par l'industrie des divers pays ? C'est à ce point de vue qu'on peut apprécier historiquement la politique douanière (3).

Et les conditions physiques ne sont pas les seules. La coutume, le tempérament national entrent en ligne de compte pour juger de l'effica-

(1) On pourrait invoquer ici des passages de saint Thomas d'Aquin sur les lois humaines : *Summ. theol.* 1a 2ae quæst 91, art. 3, quæst 95 art. 3, quæst, 97, art. 2, etc.

(2) *Procès-verbaux officiels*. Leipzig 1890, p. 198.

(3) Poinsard. *Libre échange et protection ; la politique douanière de tous les pays expliquée par les circonstances de leur état social et économique*. Paris, 1893.

cité d'une loi. L'Allemagne habituée depuis longtemps à un régime de sévère discipline administrative, acceptera plus aisément certaines mesures de surveillance, qui paraîtraient vexatoires à l'esprit indépendant de la Belgique. De longues habitudes ne se modifient pas aisément ; les plus vigoureux partisans d'une législation du travail admettent que le progrès, pour être sûr, ne peut être trop rapide et qu'une acclimatation doit se faire pour certaines mesures (1). Ces différences ne doivent certes pas aboutir à maintenir des abus, ni même à couvrir une lenteur funeste, mais modifient la *politique*, l'*art* de la réforme à introduire, et cet égard aux circonstances de temps et de lieu, le Pape l'indique aussi à propos de certaines questions pratiques, dans l'Encyclique sur la condition des ouvriers.

En avons-nous dit assez pour mettre en sa vraie lumière la nécessité d'examiner la loi, toute loi, dans *son milieu*, d'en faire la *monographie* complète, l'histoire, à l'effet de juger de son vrai caractère, de savoir les causes de son succès ou de son échec?

*
* *

Nous pouvons, en nous en référant encore aux études déjà citées de MM. Aucoc et Lyon Caen,

(1) Cf. entre autres l'abbé Hitze, député du centre au Reichstag allemand, au mot *Arbeiterfrage* du *Staatslexicon* du Goerresgesellschaft t. 1, col. 304, etc.

deux maîtres compétents en la matière, reproduire ici un passage de ce dernier dont on saisira bien maintenant toute la portée, à propos des études de législation comparée. « Ces études ont des avantages variés et bien précieux. Pour nous y livrer, nous sommes obligés de ne pas nous confiner dans l'examen des textes légaux, nous avons à porter sur les lois un jugement fondé non sur des raisonnements abstraits mais sur les faits eux-mêmes. Nous pouvons ainsi acquérir des idées fécondes pour l'amélioration de notre législation nationale et, par des efforts bien dirigés, nous pouvons contribuer à faire disparaître un grand nombre de divergences entre les lois des divers pays et à faciliter, par suite, la relation entre les peuples.

Mais comme les meilleures choses, les études de législation comparée, quand elles sont mal entendues, donnent lieu facilement à des erreurs fâcheuses, à de graves abus : *corruptio optimi pessima*. Une inexactitude de traduction, un examen incomplet ou superficiel de l'histoire des lois étrangères, de l'état de la société pour laquelle elles sont faites, l'ignorance de la manière dont elles sont interprétées ou appliquées, sont de nature à tromper sur la portée, sur la valeur, sur les résultats de ces lois. Il est à craindre qu'ainsi, nous ne soyons entraînés à introduire dans notre pays des innovations nuisibles parce qu'elles ne sont pas appropriées à nos mœurs ou à notre état politique. »

Sans doute il faut aussi, surtout même, apprécier les lois au point de vue des théories et des doctrines. C'est clair, leur valeur morale est la première qu'on doit juger à la lumière des principes, mais il faut encore les étudier dans l'application.

La méthode des *monographies* que F. Le Play organisa avec une sagacité si ingénieuse pour les familles ouvrières, a été étendue aux communes, aux ateliers ; M. Émile Cheysson inspecteur général des ponts et chaussées de France, en a tracé le programme et ce programme a été suivi.

Pour les *lois* de même, il faut faire une *monographie*, les jugeant sans doute au point de vue des principes suprêmes de la morale et du droit, des conditions générales de la société humaine, mais aussi étudiant leur *milieu* physique, historique, social ; leur histoire ; leur budget par *actif* et *passif* et les circonstances particulières qui les environnent.

Des monographies de ce genre existent déjà assurément ; il y en a, faites par des particuliers, en leur initiative personnelle, d'autres sur mandat des offices du travail. On comprend bien en général que tout n'est pas de recueillir un dossier de textes, qu'il faut tout un travail dont nous avons indiqué les éléments (1). Nous en pourrions citer — mais nous préférons n'en rien faire pour ne pas devoir choisir entre bien d'estimables et savants écrivains, qui ont travaillé dans le même ordre.

Loin de déprécier la législation comparée nous avons voulu seulement, à un moment de grande et d'ailleurs légitime faveur des législations étrangères, éviter que cette faveur ne devienne un engouement irraisonné. L'étude des législations étrangères doit être plus et mieux qu'une *collection de pièces* plus ou moins officielles, elle doit être une *comparaison rationnelle* des lois. Une Pasinomie internationale est l'élément matériel, le canevas indispensable ; il faut en outre, au point de vue pratique, une science méthodique de la législation comparée.

Comment procéder à ces études, à ces enquêtes comparatives? Ceci demande quelques réflexions spéciales (Chapitre IV). Mais d'abord, il faut presser de plus près, le problème en lui-même.

(1) Nous avons *essayé* plusieurs fois de faire un travail de ce genre, entre autres pour les lois d'Autriche et d'Allemagne sur les corporations de la petite industrie. *Le régime corporatif au XIXe siècle.* Louvain, 1894. *La loi sur le travail du dimanche en Autriche.* Office du travail de Belgique, 1897, etc.

CHAPITRE II.

Le droit comparé, le caractère des législations particulières et leurs modifications.

Il faut, avons-nous dit, faire la *monographie* des lois ; il faut la faire dans leur milieu. Les lois n'ont pas nécessairement l'effet voulu, ou prévu. Elles n'ont pas le même partout. Puis les divers pays ont par caractère, habitude historique, forme de gouvernement, régime politique, des procédés très divers de législation et aussi d'administration, d'exécution, d'inspection.

Ces variétés sont très importantes à connaître.

Il est, nous l'avons dit, et c'est d'évidence, il est des lois nécessaires partout, il y a un *minimum* législatif ; petit à petit, sous l'influence des mêmes théories, des expériences analogues, ce *minimum* s'est développé, et il présente actuellement un *corpus* assez vaste, dont nous reparlerons, au point de vue international.

Mais cette sorte de *Code* s'est formé lentement, et encore de nos jours, il y a de très grosses, de très notables différences. Surtout les compléments, les matières à controverse, ont un sort fort varié. Enfin l'exécution diffère profondément.

Il y a d'autres différences dans le procédé législatif et administratif lui-même.

L'Allemagne a procédé et procède d'habitude suivant un plan plutôt systématique. Sa législation suit un ordre préconçu, se développe d'une manière assez régulière, bien qu'il y ait aussi des *cours* divers dans son histoire ! Sans doute on ne réalise pas tout, d'un coup ; sans doute encore, il y a des « accrocs » provenant d'obstacles politiques ou autres, mais il y a une direction, et on peut suivre les étapes de la marche législative. Pendant longtemps, depuis qu'a repris la législation sociale de l'Empire, elle a été inspirée de l'idée de l'amélioration par l'autorité *(von oben)*; et il en est résulté une sorte de procédé administratif et systématique (1).

De même, et plus encore, l'exécution participe du même caractère. L'allemand du Nord, façonné au régime prussien et militaire, est discipliné. Il discute sans doute et vivement ses intérêts, il combat même fortement des projets qui lui déplaisent, mais quand la mesure est prise, que l'autorité a parlé, il est très rare que suite n'y soit pas donnée. On obéit, parce que c'est la loi.

On voudra bien ne pas exagérer tout cela. On pourrait en faire la caricature, montrer des

(1) Le Message impérial de Guillaume Ier, en 1881, annonçant le système des lois d'assurance en est une expression officielle et caractéristique.

exceptions, ce serait facile, mais on ne peut guère contester ce trait habituel du tempérament national allemand. Nous ne parlons d'ailleurs pas ici des mesures politiques, mais du domaine propre de notre sujet, car sur le terrain de la politique et de la religion, la situation change complètement de nature.

De même, l'autorité industrielle agit avec la régularité militaire; la politique n'y intervient point. Elle ignore les questions de ce genre et applique les lois, comme elles sont.

Il en va bien autrement dans d'autres pays. Législation et administration présentent un tout autre caractère. Nous n'allons pas tracer ici le portrait des divers états; ce serait difficile et sur certains points, ce serait surtout fort délicat. Mais il y a intérêt à relever quelques traits.

Prenons l'Angleterre. Rien de moins systématique que sa législation. Elle s'inspire d'une considération objective des intérêts publics, bien ou mal compris, dans le moment présent, beaucoup plus que de théories. L'ensemble n'a rien de méthodique; les mœurs et la coutume y ont une part importante; c'est le côté pratique qui l'emporte (1), souvent celui de l'homme d'affaires.

(1) R. Lavollée. *Les classes ouvrières en Europe*, t. III. Angleterre, Paris 1896, p. 57 note ce caractère; aussi O. Bielefeld. *Eine neue Aera Englischer Socialgesetzgebung*. Leipzig 1898, p. 1.

En France, au milieu des oscillations fréquentes, des révolutions, des passions turbulentes, des brusques « à coup » de la politique intérieure, rien de moins cohérent que la législation contemporaine. Les lois subissent entre les deux chambres un « jeu de raquette » dont leur harmonie n'est pas améliorée. Les intérêts politiques déterminent des votes rapides, des mesures électorales, sous la poussée d'une influence momentanée. L'exécution des lois, de même, révèle des phénomènes semblables. L'esprit sectaire et violent, comme l'esprit politicien, qui caractérisent l'état d'âme du français moderne, se répercutent aussi dans l'administration. La loi perd alors son caractère de souveraineté sereine et générale.

Faut-il multiplier ces exemples, en apporter d'autres pays encore? Faut-il citer l'Autriche dont les lois ont comme celles d'Allemagne, une allure théorique et systématique, mais où l'exécution est plus méridionale, plus « *laissez aller* » parce que les mœurs mêmes du pays sont telles en dépit parfois des désirs de fonctionnaires éclairés. Faut-il surtout citer l'Italie?... Faut-il, d'autre part, citer la Suisse où le fédéralisme cantonal apporte à la loi comme à son exécution des conditions spéciales? (1)

(1) Le caractère plus ou moins systématique de la législation a influencé sa *forme*. comme le remarque M. P. Pic, *Traité de législation industrielle*, Paris 1894 p. 32. L'Autriche et la Suisse comme l'Alle-

On voit assez les divergences profondes qui séparent le caractère des diverses législations, même de pays fort voisins. Ce caractère sert à expliquer le Code même des lois; il sert à en éclairer la mise en œuvre, les effets. Il y a les pays où les lois s'appliquent, ceux où elles *tendent* à s'appliquer, ceux où elles s'appliquent négligemment, mal, inégalement...

Et il en suit encore une fois qu'un même texte n'a partout, ni la même histoire, ni la même signification, ni la même portée dans les faits. Il en suit encore que transporté, émigré d'un pays dans un autre, ce texte peut avoir une autre signification pratique.

L'étude de la législation d'un pays demande donc, pour être éclairée, la connaissance de l'esprit public du pays, de ses tendances gouvernementales, de ses habitudes administratives et judiciaires. C'est, si on me pardonne cette formule, c'est en *fonction* de ces facteurs, qu'on en saisira la portée. Il faut élargir son horizon, et non « bloquer » le texte de la loi; c'est par l'esprit qui l'anime, qu'il faut l'interpréter. Et quand un pays est sujet, comme la France par exemple, non pas à des changements de caractère, mais ce qui est son

magne ont d'abord organisé une législation industrielle du travail, d'après un plan d'ensemble, un *Code*, *Gewerbe Ordnung;* le Code allemand de 1871 a été l'objet de fréquents remaniments; celui d'Autriche (1885) a eu quelques retouches; la loi fédérale Suisse de 1877 est arrivée à son quart de siècle sans modification notable.

caractère politique même, à de fréquents « à coup », à des « sautes de vent » dans la direction des affaires, il est clair que cette étude se complique. En tous pays, il y a certains changements, ils proviennent de causes diverses; il faut donc les suivre à chaque moment. Si l'Allemagne a un gouvernement stable, il y a cependant aussi des tendances qui se modifient, sinon dans l'application des lois impératives, au moins dans celle des lois soumises à l'appréciation des pouvoirs publics ou des particuliers. Tout le monde sait les revirements qui en matière de politique sociale, y ont caractérisé le « nouveau cours », à la chute de Bismarck, puis la réaction qui se manifesta en sens contraire, et l'influence très grande de la volonté personnelle de Guillaume II.

Et ce que nous disons des tendances des pouvoirs publics, il faut le dire aussi de celles de l'esprit public, de la population même. En France, la loi de 1894 sur les habitations à bon marché a donné infiniment moins de résultats que celle de 1889 en Belgique, qu'elle a presque calquée. Pourquoi? Les comités de patronage n'ont presque pas fonctionné, le concours de la caisse d'épargne a été mince en France; *initiative* insuffisante, « forces perdues »! Quelle importance n'ont pas ces considérations pour juger une loi sur les *syndicats professionnels* par exemple; à ne citer que la France : l'influence du ministère Millerand, et le « réveil » des initiatives indépendantes dans le mouvement des syndicats jaunes ? etc.

La législation comparée ne peut donc être étudiée une fois pour toutes, même en chaque pays. Ce chapitre n'est en somme qu'une application des idées contenues au chapitre précédent. Il met en garde contre une étude trop étroite, trop restreinte, trop matérielle du texte. Une loi, encore un coup, n'est pas seulement ce qu'elle paraît être au lecteur ; elle se place dans un milieu, sous une force motrice, dont l'intensité et la direction même varient, sous des influences sujettes à modifications ; une loi, la même loi, n'est pas la même toujours, aujourd'hui qu'avant hier, ou qu'elle ne sera après demain.

Tout cela résulte des considérations émises au premier chapitre, mais il fallait en souligner cette conséquence. Ces observations méritaient d'être mises à part.

Ces études sur les lois, non seulement en elles-mêmes mais en rapport avec les circonstances, l'esprit public, l'état général, ces études vont même au delà de la stricte *législation* comparée, au delà de la critique de telles ou telles lois de *matière spéciale*. Elles tendent à dégager la *notion* que chaque peuple se fait *du droit*, de *la vie privée*, de *la vie publique* de l'organisation de l'État, des groupes sociaux, de la famille, de l'éducation, etc. Elles permettent de juger ces conceptions à la lumière des principes souverains qui doivent guider l'humanité. On arrive ainsi non plus seulement à faire de la législation comparée, des juxtapositions de textes, ou d'arrêts, ou de coutumes. On s'élève à des points de vue supérieurs. On fait ce qu'on a appelé du *droit comparé*, non pas sans doute, qu'on veuille par là admettre que la notion même des principes puisse être fugitive ou variable, mais que la manière de les appliquer, de les mettre en œuvre se réalise de façons différentes, que l'organisme juridique est conçu différemment, et qu'il y a pour ces différences une multitude de causes. On constate *aussi* des erreurs profondes sur les principes essentiels mêmes, et on en recherche la source, et les caractères. C'est là le *droit comparé*. On peut certes en présenter une notion fort abusive, si l'on s'avisait de voir en ce mot, l'expression d'un *historisme* exclusif ou même dédaigneux des principes essentiels ; c'est ce que fait une école *évolutive* bien connue. Mais le *droit comparé* a sa notion féconde; il est utile dans la mesure même que nous venons d'indiquer. Il y a une morale, un droit absolu. Il y a aussi des règles ou lois scientifiques spéciales, par exemple de l'ordre économique (1). Fixer les principes et les règles, tel

(1) Nous avons marqué ailleurs, et nous y renvoyons, notre théorie des lois et des contingences économiques. *Les grandes lignes de l'économie politique.* Louvain, Ch. Peeters, 1901.

n'est pas ici notre rôle. Nous nous bornons à indiquer leur nécessaire existence, qui n'exclue nullement, qui admet et encourage au contraire, avec cette réserve, l'étude sagace, même historique et géographique, des variétés juridiques. Cette étude rattache alors la législation comparée, à celle de la vie même du peuple qu'elle régit; elle y saisit et les influences locales et les courants de théories générales. Ceci suppose, outre l'étude patiente et attentive des faits, une formation scientifique préalable, sérieuse et approfondie. Si la *législation comparée*, déjà difficile, exige une méthode et un apprentissage; le *droit comparé* est une notion bien plus complexe et qui exige, elle, de ceux qui s'y livrent une mûre formation d'esprit et d'études, un fond de science réfléchie et sûre (1).

Étudier en elle-même cette question générale du *droit comparé* dépasse absolument notre sujet. Nous n'entendons point du tout l'aborder, mais seulement indiquer en quelques mots comment elle domine la *législation comparée*.

Sans verser le moins du monde, bien entendu, dans le *déterminisme économique*, on ne peut contester que les lois et les mœurs exercent une mutuelle réaction, que les faits multiples de la vie

(1) Sous les réserves qu'elles comportent, on trouve bien des considérations à ce sujet émises au *Congrès international de droit comparé*. Paris, 1900 (Bulletin de la Société de Législation comparée).

externe agissent à leur tour sur les lois et les mœurs comme elles en subissent l'influence. Loin d'admettre que la géographie fasse l'histoire, ou que la « situation » fasse les mœurs et les lois, il n'en est pas moins vrai que tout cela se compénètre et que par conséquent il faut tout « situer » dans l'espace, le temps et le milieu pour le bien comprendre et le bien interpréter. A plus forte raison, les idées régnantes ont une influence profonde.

On ne peut raisonnablement apprécier le régime féodal au point de vue de la vie moderne, les coutumes berbères en fonction de l'économie européenne contemporaine, le code civil des régions balkaniques dans la vie belge, anglaise ou française. Tout cela, évidemment, mais nous n'avons pas à en exposer ici la doctrine, ne peut ébranler en rien les règles souveraines qui tiennent leur caractère inviolable de l'autorité divine, de la nature et de la fin de l'homme et de la vie sociale. Cela modifie seulement, sous cette réserve, les applications innombrables que la loi et la coutume organisent, suivant le *bien commun* plus ou moins convenablement interprêté, dans chaque milieu et chaque époque. C'est là d'ailleurs toute la portée de cette idée si ancienne de sagesse pratique, qui prémunit contre les brusques modifications à des coutumes anciennes que ne condamne point un principe souverain du droit, supérieur aux cas particuliers. C'est là toute la grosse question de l'interprétation du droit et de l'histoire. On voit que son développement nous entraînerait au-delà de notre sujet. Mais il faut savoir, en sauvegardant le droit souverain, qui découle de la nature même de l'homme, de son origine, de sa destinée, et de la Volonté divine, tenir compte des innombrables variétés de formes et d'applications. On peut se tenir sagement à distance et du théorétisme législatif absolu et de l'historisme empirique et fugitif.

Que de fois a-t-on insisté sur l'erreur d'une politique, ou d'une législation purement métaphysique, créée sur un idéal abstrait, et qui veut le réaliser, partout identique à lui-même, suivant une méthode uniforme, qu'on a appelée la méthode Jacobine. C'est Taine qui l'a condamnée sous ce nom, mais la pensée est ancienne, et le moyen âge comme l'antiquité, en ont souligné l'importance. C'est la nécessité même de tenir compte des contingences dans l'application, qu'a proclamée Aristote, qui se retrouve chez S. Thomas d'Aquin (1). Il faut avoir des principes nets, savoir ce qu'on veut, et où l'on va, ce qui manque au positivisme, ce qui est au contraire la force de la doctrine catholique, mais non pas prétendre imposer le même régime législatif dans tous les milieux. Pour cela, il faut donc examiner les faits, le

(1) Considérations à ce propos dans un livre récent émané de l'École néo-scolastique de Louvain. M. Defourny, *La sociologie positiviste.* Louvain 1902, p. 258 et suiv.

caractère des races, l'état social, historique et actuel de chaque peuple, résultat d'influences multiples (1). Tout cela ne peut être développé ici, mais en matière de législation économique, il en est ainsi comme dans les autres branches de la politique humaine. A part même les erreurs fondamentales du système, là est entre autres la tare, la faiblesse politique du libéralisme. — Il serait facile de rattacher, à ce point de vue, à la même famille, les partisans d'une sorte de *mimétisme* transplantant les législations d'un pays à l'autre, et dont nous parlions tout à l'heure. Ne pourrait-on signaler par exemple, la manie récente du ministre socialiste français Millerand invoquant avec une complaisance presque puérile, comme exposé de motifs de projets de loi français, les lois et expériences de la Nouvelle Zélande. Il faut donc que la sagesse et la prudence guident les moyens vers le but du législateur, le bien réel de la société. Il ne s'agit ni d'empirisme pur, ni de la poursuite du bien être matériel ou temporel par les lois, sans se soucier des principes, mais bien de l'application des principes connus, à des situations données, à des contingences variées qu'on ne peut méconnaître sans pour cela toujours les approuver (2)!

(1) Il en est ainsi des conditions économiques. Notre livre : *Les grandes lignes de l'Économie politique*, liv. 1, ch. 7.

(2) La politique empirique et utilitaire, sans principes, le pur et simple opportunisme, érigé en théorie par Machiavel, a été dès lors combattu par des auteurs du XVIIe siècle, qui en marquent la différence

Combien en tout ceci se compénètrent souvent l'économie politique et le droit (1)! Contentons-nous d'un seul exemple.

Quelle importance ne faut-il pas attacher, à la fois, mais avec des coefficients d'importance assurément inégale, aux circonstances économiques, au caractère de l'exploitation, aux idées régnantes sur la famille et le devoir paternel, aux traditions historiques dans certaines législations et coutumes telles que les régimes successoraux de partage ou de conservation? Certes ce n'est point là de l'ordre économique pur, — où est-il *pur* d'ailleurs? — mais combien il faut se méfier de l'esprit d'imitation ou de généralisation excessive!

Le Code civil allemand, œuvre d'unification cependant, a eu soin de l'éviter. Ces multiples coutumes locales ont souvent leur raison d'être, il faut étudier et rechercher avec soin leur valeur et leur influence (2).

avec la prudence pratique. Ne citons qu'en Belgique : ZYPAEUS, *Iudex*. Anvers 1633, lib. III, c. 1, p. 166, etc. Juste-Lipse qu'un auteur belge a accusé de machiavélisme, s'il a commis des erreurs, a cependant protesté contre ces tendances. *Politicorum sive civilis doctrinae libri VI.* Préface, *Opera*. Anvers 1637, t. IV, p. 9, etc.

(1) Bien des exemples dans un mémoire de M. BÉCHAUX : *Le droit et les faits économiques*. Paris, 1889, etc. — Il ne faut pas en conclure évidemment à appliquer la même méthode aux études économiques et juridiques!

(2) On sait la forte littérature qui a depuis quelques années surtout, traité la question des régimes successoraux en Allemagne. Depuis les deux volumes de A. VON MIASKOWSKI, *Das Erbrecht und die Eigenthumsvertheilung im Deutschen Reiche*, Leipzig, 1884, les études se sont

Qu'on ne se méprenne pas sur notre pensée. Ce que nous avons dit ailleurs, en l'appliquant à maints exemples, le prouve assez ; nous ne contestons pas, nous proclamons au contraire, le devoir du législateur de combattre les tendances funestes, les abus, les erreurs régnantes ; la loi n'est pas seulement instrumentaire, elle est assurément aussi *thérapeutique*, et réformatrice. Ce n'est pas ici le lieu de faire cet exposé ; ce que nous avons dit dans ce chapitre, tend seulement à remarquer que, même dans cette action d'amélioration et de réforme, il faut tenir compte des circonstances, pour voir comment elle peut se réaliser avec succès, en vue du bien commun sagement apprécié. Certes le législateur n'a point à subir les « courants » et à s'excuser de son inertie sur les « mœurs », « l'opinion », les « habitudes », cela ne suffit pas ; il a des devoirs de répression, d'amélioration, et il est des « mœurs », « habitudes » etc., qu'il *doit* combattre et corriger, mais dans cette mission même, il faut juger l'état de la nation, pour appliquer avec sagesse les mesures qui conviennent à sa situation même, procureront son *bien*, assureront le succès des réformes et des améliorations elles-mêmes, avec

multipliées. Sur les divers régimes successoraux en divers pays, la Société d'Économie sociale de Paris a publié de nombreux travaux groupés dans une collection spéciale très documentée sous le titre : *Enquête sur l'application des lois de succession.*

la prudence et la circonspection que la matière comporte.

Tout cela ne peut être développé ici, mais, montre la délicatesse du travail : Comment apprécier les législations elles-mêmes?

Après tout ce que nous avons dit, la vérité est trop claire, il y a de bonnes et de mauvaises lois! Il faut donc les juger et en théorie et en pratique. Comme on l'a dit récemment, parmi les lois mauvaises, il en est qui *commandent le mal*, d'autres qui *commandent mal*, etc. etc.

Les diversités législatives peuvent provenir chez les peuples, d'erreurs profondes sur la notion même du droit, de l'ignorance, de la dépravation. Faut-il rappeler les énormes abus que sanctionnent les lois chez les peuples que n'a pas éclairés la prédication de l'Évangile. Et sans aller à ces exemples éclatants, que d'erreurs graves chez les peuples même qualifiés de *civilisés* au sens vulgaire du mot. C'est à la lumière des principes souverains de la morale et du droit *vrais*, qu'il faut les juger. Et pour les juger, il faut aussi bien connaître l'état d'âme de la nation et de ses chefs, l'esprit de la législation. Que d'idées fausses, n'en citons qu'un exemple, que d'idées fausses imprègnent les esprits « législatifs » en matière de droit d'association, de bienfaisance, et tant d'autres.

Il ne faut pas se borner à juger le régime législatif de chaque peuple, au critère de l'ordre moral et du droit, il faut les juger aussi, au point de vue des règles de la science sociale et de l'économie politique, car les mesures de cette catégorie sont l'objet spécial de cette étude. Sans exagérer ni la nature, ni la portée, ni le nombre des lois économiques, nous en constatons l'existence scientifique. Les hommes, s'ils veulent se servir utilement des choses matérielles, doivent les observer dans la mesure légitime (1). Il ne dépend pas du législateur de modifier les rapports des choses, et les événements se chargent souvent de le démontrer.

Ne citons comme exemple que les erreurs si longtemps régnantes du *mercantilisme* qui a dominé le système des lois commerciales.

Mais s'il y a des principes fixes, auxquels il faut s'en rapporter, il y a d'autre part des variétés et des contingences dont l'appréciation délicate est une des grandes qualités de l'homme d'État comme de l'observateur des législations comparées. Que d'idées fausses a entraînées ou exprimées chez les auteurs de langue française, la signification variée du mot *loi*. Quelle différence en effet, de sens réel, entre les lois morales, les lois scientifiques, les lois historiques, les lois positives, etc. ! Et combien il faut se garder de les confondre, surtout quand on étudie les *lois comparées*.

(1) Nous avons expliqué notre pensée en l'appliquant aux matières traitées dans nos *Grandes lignes de l'Economie politique* déjà citées.

Faut-il conclure de nos observations qu'il ne faille pas chercher, dans un sens idéal, à améliorer l'état social et la législation? Évidemment au contraire, il faut poursuivre cette amélioration.

Faut-il en conclure que l'*expérience* des autres pays est inutile? Evidemment, cette expérience est féconde et instructive; elle peut être décisive parfois. Elle l'est d'autant plus que plus ressemblantes sont les situations.

Il y a dans le développement économique et social, des conditions générales, identiques ou analogues, chez les divers peuples; ces analogies, deviennent de plus en plus nombreuses à mesure que les relations plus fréquentes se multiplient, mais il reste de nombreuses différences.

L'observation législative comme la raison, prouvent que les courants d'idées, les influences générales, les situations économiques, ont une action très étendue, et présentent souvent de grandes ressemblances. De plus la science sociale et la science économique, comme les doctrines supérieures révèlent des éléments généraux de prospérité. Il y a donc même rationnellement non seulement un idéal, mais une législation en fait « internationale » comme nous le verrons encore plus loin.

Il faut donc dans chaque étude, tenir compte et des éléments généraux réellement communs, et des éléments spéciaux à chaque peuple. C'est dans cette estimation, cet inventaire judicieux, que gît surtout la difficulté, la délicatesse, de la législation comparée.

Et l'on voit enfin la nouvelle conclusion qui se dégage de ces réflexions bien sommaires encore, et que déjà partiellement nous indiquions au premier chapitre. La législation comparée ne peut être une méthode sûre de progrès législatif, que si elle est très attentive, très prudente, d'une part; et d'autre part, elle ne peut être une méthode *unique*. Elle ne peut être unique car chaque peuple, comme chaque législateur doit s'inspirer de bien d'autres éléments d'appréciation : il doit juger les mesures en elles-mêmes, au point de vue des principes souverains du droit doctrinal, règle suprême et nécessaire; il doit les juger au point de vue des données scientifiques ; il doit les juger au point de vue des traditions, du caractère, du fait national; il ne peut agir par cette sorte de *mimétisme* érigé en système, aussi faux que périlleux. Cette manie d'emprunt ou de reproduction, on le voit clairement, est fâcheuse, abusive. Ajoutons qu'elle rétrécit, plutôt qu'elle n'élargit les idées. Si utile que soit l'expérience d'autrui, il ne faut pas y limiter le champ du progrès, car il est toujours bien quelqu'un qui a dû commencer; il ne faut être ni l'aventureux téméraire, dédaignant les expériences, ni le copiste servile, qui n'invoque que « les précédents ». Ici encore, il y a usage et abus, il faut savoir les distinguer avec science et perspicacité. Il y a des matières qui mieux que d'autres se prêtent à l'imitation, à une sorte de *cosmopolitisme*, soit par la souveraineté des mêmes principes, l'influence générale de situations communes, soit par les relations mêmes qu'elles concernent. Pour rester dans notre domaine propre, citons les matières du droit commercial, qui au moins en grand nombre, sont de cette dernière catégorie. Il en est aussi d'autres qui tiennent au régime du travail, et s'imposent à tous les pays industriels, pour le bien social et en vertu de principes supérieurs, et nous y reviendrons en examinant plus loin s'il peut y avoir une législation internationale. On voit une fois de plus, que si l'étude de la législation et du droit comparé, est instructive, ce n'est que dans une mesure restreinte, sous bénéfice d'une critique sagace, d'un inventaire judicieux, qu'elle peut être indicative ou impérative.

L'étude d'une loi, et c'est notre conclusion, comporte donc une analyse attentive de son contenu, de ses applications, et aussi de son esprit, de son inspiration, et des circonstances où elle a vu le jour, des mœurs qu'elle régit. La critique, l'appréciation de cette loi, doit se faire à la lumière des principes souverains du *droit*, des règles scientifiques, comme aussi, dans la mesure légitime, des convenances et des circonstances particulières de chaque pays.

L'imitation, l'emprunt à faire de la loi d'un pays par un autre pays, suppose ce travail préalable que nous venons d'indiquer, cette critique réfléchie, et en outre la comparaison de la situation des deux pays, de leurs besoins, de leur *bien*, des circonstances enfin que les différencient ou les rapprochent.

Il est des lois *mauvaises*, et, soulignons le, ce serait étrangement *abuser* de la législation comparée que de s'armer ou de se couvrir de l'exemple des autres, pour autoriser ses propres fautes. Cette excuse n'est pas plus admissible chez les peuples que chez les individus; c'est rabaisser; c'est supprimer la notion du droit que le réduire à une sorte de jurisprudence législative! C'est là une tendance contre laquelle on ne saurait s'élever avec trop d'énergie, c'est un abus, c'est le plus grave abus, de la législation comparée.

Il y a des lois nécessaires en principe partout; il ne s'agit alors que d'en apprécier et comparer le détail, le procédé organique, etc. Il en est d'efficacité ou d'avantage douteux, pour lesquelles plus attentive et plus sagace encore doit être l'étude et la critique.

En un mot, la législation comparée, sagement étudiée et maniée, peut être très instructive et très utile. Mais elle peut prêter à de sérieux abus. Elle est un instrument, mais ne peut en aucun cas être le seul, ni même le principal, pour l'appréciation et la confection des lois.

CHAPITRE III.

Les organismes d'information et de consultation. Les offices du travail.

La difficulté et la nécessité de connaître les lois étrangères, de les apprécier, d'en connaître les effets pratiques, en vue d'éclairer la législation elle-même, pour être informé aussi de l'état économique, des conditions de la concurrence, tous ces motifs ont suscité partout beaucoup de travaux de cette nature. Il n'entre nullement dans notre pensée de les énumérer. Ils sont légion ! Il y a des travaux individuels, limités à une loi, à une institution particulière ; parfois même se risquant à des vues d'ensemble. Il y a des sociétés, comme la *Société de législation comparée*, de Paris, qui ont pour but principal la traduction des textes, avec des notices peu développées. Il y a des revues spéciales donnant à la fois des textes, des enquêtes, etc. Il y a enfin des *offices*, dont plusieurs s'occupent tout à la fois de statistique générale du travail, et de préparation législative (1).

(1) Pic, *Traité élémentaire de législation industrielle*. Paris 1894, p. 39 et suiv. Des corps consultatifs de l'industrie — *Conseil supérieur*

On peut croire que nous ne songeons pas ici à en examiner le mécanisme, le fonctionnement technique. Mais il y a lieu de marquer leur rôle, le besoin qui les a fait naître.

A prendre la question de haut, il faudrait se placer au point de vue même de la confection des lois. Nous parlons surtout ici *législation*. Or, on étudie les lois des divers pays, pour guider les relations économiques qu'on a avec eux, et aussi pour s'inspirer de la situation, dans les lois que l'on fait soi-même.

D'autre part, pour faire des lois convenables, il faut connaître l'état des choses et des esprits dans son propre pays; savoir comment on apprécie une mesure proposée; connaître aussi les effets des mesures déjà prises.

Pour opérer ces recherches, il faut un organe, un *service*. Vu l'amplitude, l'envergure des questions économiques modernes, ce travail d'information est presque impossible à un particulier. Un député, par exemple, si laborieux soit-il, si larges soient ses relations, aura la plus grande peine à être au courant de *la question spéciale* même qu'il veut traiter (1); quant aux autres!... Et ce sera aussi difficile, même impossible, car il

du travail en Belgique. Documents de la deuxième session. *Statistiques du travail*, Bruxelles 1895. On y trouve l'analyse et le mécanisme des offices et des corps consultatifs des principaux pays.

(1) En France, l'initiative privée a créé un *Office du travail parlementaire* dont le siège est à la *Revue politique et parlementaire*.

a sa grosse besogne de gouvernement, pour le ministre qui ne dispose pas d'un service organisé(1).

Dans l'intense mouvement moderne de législation du travail, il faut un procédé d'information pour ne pas faire des lois arbitraires, et même nuisibles, par ignorance, aux intérêts qu'on voudrait protéger. Certes, il est des lois qui s'imposent *a priori*, qui sont l'œuvre et la mission du pouvoir public, au nom même du bien commun, mais encore, faut-il juger de la manière de s'y prendre, des détails et de l'organisation du principe.

On voit que la question est celle même de la confection des lois. Et si on creusait l'idée, on arriverait à se demander, il n'y a qu'un pas, si on ne pourrait confier cette mission aux gens compétents pour les diverses catégories d'intérêts. N'est-il pas naturel que les règlements soient faits, sous le contrôle général du bien commun, par des organes spéciaux, compétents en chaque matière? La centralisation de notre régime moderne a donné au pouvoir central une mission écrasante, en lui supposant une science universelle. Que ne s'en décharge-t-il en partie, sur les corps d'intérêts organisés! Sans doute, il y a une réponse trop simple : ces corps n'existent guère; cette organisation est insuffisante et imparfaite. Mais encore

(1) DONNAT *(Politique expérimentale,* p. 377) a dit avec une pointe de paradoxe, que le ministère peut tout, sauf étudier les questions ! Mais la difficulté est d'autant plus grande que le recrutement des ministres dépend de raisons politiques, plus que de la compétence technique.

faudrait-il aiguiller le système dans cette direction: et à défaut de *législation* par les intéressés, compétents, il faut du moins, en attendant mieux, en organiser la *consultation*. C'est là *un* des grands avantages d'un régime d'organisation des intérêts, de groupements sociaux ; et il est incontestable qu'on a progressé dans cette voie.

Pour préparer le travail législatif, connaître *la matière*, on recourt donc à diverses méthodes : la consultation des corps spéciaux ; les enquêtes ; les offices permanents qui d'ailleurs se servent aussi des deux premières.

La législation ou le règlement d'une foule de points pourrait même être utilement confié aux groupes spéciaux;à défaut d'organisation suffisante pour *régler*, ils peuvent, ils doivent au moins être consultés.

Ce travail préliminaire de consultation, d'information, destiné à éclairer le législateur comme le pouvoir exécutif, nécessite, nous le disions, un organisme dont l'importance grandit. C'est la mission propre des *offices du travail*. Il en existe en divers pays ; leur rôle et leur organisation ne sont pas identiques. En Belgique, les services d'information et d'exécution se trouvent dans les mêmes mains. En France, l'office, rattaché au ministère de commerce était un service exclusivement destiné à l'information, enquête et statistique; on l'a maintenant aussi réuni à la direction du travail. Mais nous n'avons pas ici à discuter ces questions organiques. Enfin on comprend l'utilité, la nécessité de placer à côté de l'administration et du gouvernement, des organes plus accrédités d'information et de consultation, en matière ouvrière. L'*office du travail* se complète alors par un corps consultatif, un *conseil* qui délibère sur les informations reçues, émet des avis d'une portée plus ou moins large (1).

(1) Voici un aperçu des principaux corps de ce genre en Europe : *Angleterre*. Office du travail créé en 1886, sous la direction de Robert Giffen.

Belgique. Office du travail créé en 1894 sous la direction de Charles Morisseaux. Ministère du travail organisé en 1895 par Albert Nyssens. Conseil supérieur du travail créé en 1892. Conseil supérieur de l'industrie et du commerce créé en 1890. Conseils locaux du travail, loi du 16 août 1887.

Allemagne (Empire). *Commission fuer Arbeiterstatistik* créée en 1892, remplacée en 1902, par une Division de Statistique du travail à l'office impérial de statistique (Directeur Wilhelmi) avec un conseil : *Beirath fuer Arbeiterstatistik* — Organe spécial : *Handwerkskamer* (chambres des métiers) loi du 26 juillet 1897

Autriche. *Arbeitsstatistisches Amt* au ministère du commerce (Directeur V. Mataja) avec un conseil, *Beirath*, 1898. — Pour la petite industrie, régime corporatif spécial créé en 1885 et complété par diverses mesures ultérieures.

France. Office du travail créé par décret des 20-21 juillet 1891. Conseil supérieur du travail créé par décret du 22 janvier 1891, réorganisé en 1899. Conseil supérieur du commerce et de l'industrie, règlement actuel 1882. Comité consultatif des arts et manufactures. Id 1880. Institutions anciennes des chambres de commerce, chambres consultatives des arts et manufactures. Conseils locaux du travail créés par décrets 17 septembre 1900 et 2 janvier 1901.

Tous ces corps, en divers pays, ont publié des documents importants et nombreux, et sauf en Allemagne, il y a un organe périodique à très bon marché, contenant énormément de renseignements : *Gazette of Labour* (Angleterre). *Revue du travail* Belgique). *Bulletin de l'office du travail* (France). *Soziale Rundschau* (Autriche).

Italie. Loi du 29 juin 1902. Office et conseil.

Ce sont les pays anglo-saxons, Angleterre et Amérique, qui ont les premiers créé ces services d'information (statistique et enquêtes). En Angleterre, le service créé en 1886, est devenu en 1893 le *department of Labour*. Ailleurs on y a joint des organes spéciaux de consultation. En France (1) à côté de l'office du travail, fonctionne le conseil supérieur du travail, en partie électif; et depuis peu, il y a aussi des conseils du travail électifs, régionaux et locaux. En Belgique, l'office a pris un rôle très large; en réalité, il est la cheville ouvrière tout à la fois, de la législation, de l'information, de l'inspection; le conseil supérieur du travail, et les conseils locaux électifs lui sont intimement unis, leur rôle consultatif est le plus utile qu'ils aient rempli (2). L'Autriche, en 1898, a créé à son ministère de commerce, un service spécial de statistique du travail, avec un conseil qui en active les travaux (3). L'Allemagne a une commission de statistique dont les membres sont nommés

(1) Pour la France, textes dans Cohendy. *Recueil des lois industrielles* au mot : corps consultatifs de l'industrie.

(2) Conseil supérieur du travail de Belgique, voir les documents annexés plus loin —Loi du 16 août 1887 sur les conseils de l'industrie et du travail.— Conseil supérieur du travail, cinquième session : Débats sur la revision de cette loi.— F. PAYEN, *Une tentative récente d'organisation du travail*. Les conseils de l'industrie et du travail en Belgique. Paris, 1899. — (Theate), *Die Industrie und Arbeitsraethe in Belgien. Arbeiterwohl*. Cologne, 1898.

(3) Texte des règlements dans la *Soziale Rundschau*. Vienne, année 1900, p. 181.

moitié par le Reichstag et moitié par le Bundesrat; on y a demandé un conseil consultatif plus large, que la réforme de 1902 ne réalise pas encore complètement (1).

Il faut distinguer soigneusement les organes de statistique, d'information, et ceux de consultation qui ont à éclairer le gouvernement sur les mesures à prendre, à discuter ces mesures, à émettre des avis. Les institutions diverses répondent très inégalement à ces deux notions. L'office du travail comme tel, peut avoir les deux caractères, mais s'il n'est composé que de fonctionnaires, il est clair qu'à aucun égard, il ne s'agit là de consultation des intéressés sur les intérêts à régler. Là où il y a un conseil, près l'office, sa composition et son rôle ne sont point encore les mêmes. Le conseil belge et le conseil français, conseils supérieurs du travail, comprenant des patrons, des ouvriers et un troisième élément compétent par des études et des œuvres, répondent à la pensée consultative des intérêts (2). Le conseil autrichien, composé aussi de ces trois éléments, s'occupe des recherches statistiques, des enquêtes, mais en fait, est consulté aussi sur les

(1) *Die Errichtung eines Reichsarbeitsamtes.* Rapports du député Dr Pachnicke, et du Baron von Berlepsch. Iena, 1901. Sur la réorganisation de 1902, textes dans la *Soziale Praxis.* Berlin, nos du 24 avril et 15 mai 1902.

(2) Nous n'examinons pas ici si la base de leur composition est bien choisie. Cette question sortirait du programme de cette étude.

lois et mesures relatives au travail. Le conseil allemand de 1892, lui aussi a pour objet les investigations et les statistiques, mais il est exclusivement parlementaire ; le conseil réorganisé de 1902, peut compter, en nombre égal, des patrons et des ouvriers. En matière de recherches statistiques mêmes, il y a d'ailleurs des nuances, car un conseil qui a l'*initiative* des recherches, peut ainsi mettre une question à l'ordre du jour de l'opinion (1).

Et ces organes du système central se rattachent aux groupes sociaux existant dans le pays. C'est ainsi, nous le disions, qu'existent en Belgique les conseils de l'industrie et du travail (loi du 16 août 1887) ; en France les conseils du travail (décrets du 17 septembre 1900 et 2 janvier 1901) dont l'organisation actuelle est d'ailleurs fort discutée (2). En Hollande, la loi du 2 mai 1897 a créé des chambres du travail, ayant des attributions analogues, mais sans qu'un organisme central les couronne (3). En Allemagne on demande aussi

(1) En réalité d'ailleurs, on ne peut s'en tenir pour les apprécier à la lettre de leur institution officielle. En fait leur rôle s'élargit souvent, tel est le cas en Autriche.

(2) Nos études : Un siècle du mouvement syndical en France. *Revue sociale catholique*, Louvain, Février 1901, et Une année du mouvement syndical en France. *Revue générale*. Juillet 1902. — FRANCIS CHARMES, Rapport au Sénat français sur la création des conseils du travail. Séance dn 19 décembre 1901. Documents. Annexe nº 462.

(3) Texte traduit et note dans l'*Annuaire de la Législation du travail* (Office du travail de Belgique) 1898, p. 279. Sur leurs résultats, assez restreints, PYFFEROEN, *La petite bourgeoisie aux Pays-Bas*. Bruxelles 1902, p. 344 et suiv.

la création de chambres de travail (1) de façon à, de plus en plus, organiser la collaboration des intéressés à la confection des lois, à connaître aussi leurs appréciations sur les lois faites, leur fonctionnement, leurs résultats.

Là-même d'ailleurs, où ne sont pas encore constitués des organes réguliers, l'utilité de la consultation des intéressés est de plus en plus reconnue. On procède alors par enquêtes spéciales.

En outre, la consultation des intérêts, en vue de la confection des lois est *organisée* par une série d'institutions reconnues, comme les chambres de commerce, les chambres d'agriculture, les corporations d'arts et métiers et les chambres de métier, qui émettent de nombreux avis. Même, en matière économique, le pouvoir *règlementaire* appartient à certains groupes d'intérêts, tel est le cas, en Autriche et en Allemagne, pour les organismes spéciaux de la petite industrie. La plupart de ces institutions publient des rapports d'un très grand intérêt (2).

On voit que dans le mécanisme d'action et d'information, il y a des pièces nombreuses et qui s'emboîtent l'une dans l'autre. Elles n'ont partout,

(1) Hitze, *Die Arbeiterfrage und die Bestrebungen zu ihrer Loesung*, éd. Berlin, 1901, p. 58.

(2) Les rapports des chambres de commerce, des chambres de métier, etc. sont remplis de la documentation la plus précieuse, sur l'application des lois diverses. On doit y recourir largement, en tenant compte évidemment de leur point de vue spécial.

alors encore qu'elles portent le même nom, ni le même rôle, ni le même caractère.

Très utiles sont assurément ces *offices* et les renseignements qu'ils fournissent, — s'ils sont impartiaux et exacts, car ils ne le sont pas essentiellement ! Leurs publications sont officielles, et le contrôle du gouvernement s'y exerce, comme il s'exerce par exemple sur les rapports des inspecteurs du travail. Elles sont aussi plus ou moins exactes, plus ou moins bien faites, etc. comme elles peuvent être superficielles, *tendancieuses*...

Tout cela est trop clair ! Et il faut toujours consulter avec une prudence et une défiance raisonnables, les publications faites sous un ministre qui a une « œuvre » à défendre, un programme à soutenir... et des ciseaux à sa disposition.

Ces réserves faites, les offices ont certes de grands et précieux avantages. Il ne faut pas qu'ils accumulent les volumes, bourrés de chiffres quelconques, pour montrer qu'ils vivent... ! Ils doivent opérer méthodiquement, sérieusement.

Quant aux corps consultatifs, ils répondent à cette thèse si juste, si rationnelle indiquée plus haute, la collaboration des intéressés, à l'œuvre réglementaire et législative. Que de fois, avec raison, on a protesté contre la prétention ridicule à l'*omniscience* des bureaux et des chambres parlementaires, en un mot du législateur politique et de l'administration centrale tels qu'ils existent aujourd'hui.

Consulter les intérêts, c'est la méthode d'une législation sage; vrai encore serait le règlement de certains intérêts spéciaux par eux-mêmes, sous la réserve et le nécessaire contrôle du bien commun (1).

En attendant que les intérêts groupés soient remis en possession d'une organisation assez solide et assez cohérente, la consultation de ces intérêts mêmes, impartialement faite, est un des moyens les plus efficaces de préparer les lois, et de juger celles qui existent. L'école corporative a insisté avec raison sur ce point de vue (2). Telle est la portée, au point de vue qui nous occupe, des consultations professionnelles et des délibérations des corps spéciaux. Ce sont les éléments précieux pour la préparation, la confection, et par suite aussi, pour l'*appréciation* des lois (3).

Il n'entre pas dans notre plan d'indiquer le détail du mécanisme des *offices* et des *conseils*; il nous suffit d'avoir montré leur rôle, leur signification et leur importance.

(1) Nous ne nous occupons pas ici de la représentation des intérêts au point de vue de l'organisation politique générale. Elle a des rapports avec la présente question évidemment, mais elle en est distincte; elle est plus vaste.

(2) Marquis DE LA TOUR DU PIN, *La représentation des intérêts près des pouvoirs publics. Association catholique* (revue). Paris, tome 35, 1893. L. DELALANDE, *Représentation des droits et des intérêts*. Ibid. t. 31, 1891, etc.

(3) Il y a beaucoup de considérations en ce sens groupées par AD. PRINS, *La démocratie et le régime parlementaire*. Etude sur le régime corporatif et la représentation des intérêts. 2e éd. Bruxelles, 1887, etc.

Mais il ne faut pas exagérer l'efficacité et l'influence de ces institutions actuelles. Un mécanisme ne suffit pas, il faut qu'il fonctionne avec intelligence et avec un zèle suffisamment soucieux des intérêts à défendre. C'est ainsi notamment que les conseils locaux du travail n'ont eu qu'une action restreinte; c'est là encore une *institution à monographier*.

Ce rôle, bien que sérieux déjà, est donc insuffisant, incomplètement organisé (1), c'est ce qu'on a pu constater aussitôt. Tout cela est embryonnaire ; la composition des conseils, leur intervention, seulement facultative dans la plupart des cas (2),

(1) Il y a bien des projets et des plans sur l'organisation, la coordination des corps consultatifs, la constitution et le rôle des conseils régionaux et nationaux. Nous n'avons pas ici a les examiner ni a les critiquer. Voir les études citées aux notes précédentes. Divers aperçus ont été groupés par Ch. François. *La représentation des intérêts dans les corps élus.* Annales de l'Université de Lyon. Paris 1899 p. 258 et suiv. : Les conseils supérieurs etc.

(2) Le législateur belge a rendu en certains cas la consultation obligatoire. Ainsi la loi du 13 décembre 1889, art. 8, exige celle des conseils de l'industrie et du travail, pour le règlement du travail des femmes et des enfants. Elle ne parle pas du Conseil supérieur qui n'existait pas encore à sa date, mais en fait, il est toujours consulté sur ce point. La loi du 2 juillet 1899 charge le gouvernement de prescrire par arrêtés généraux des mesures de sécurité et de salubrité pour des industries qui ne rentrent pas dans la réglementation des établissements dangereux, incommodes ou insalubres. L'art. 2 exige la consultation des Conseils de l'industrie et du travail, du Conseil supérieur d'hygiène ou du Conseil supérieur du travail. Signalons l'art. 43 de la loi du 13 mars 1900 sur le contrat du travail pour l'élaboration par les Conseils locaux d'un précis des usages des diverses professions, visant la nature de la rémunération, son montant. le temps, le lieu, les conditions du travail,

tout cela réclame encore études et progrès. Le régime constitutionnel et les traditions y mettent souvent des obstacles. C'est une voie dans laquelle il faut marcher avec prudence, sans doute, mais résolution, en tenant compte, d'ailleurs, des circonstances spéciales de chaque pays. Le succès et l'efficacité ne dépendent pas seulement de l'organisation, c'est trop clair, mais aussi de l'initiative des intéressés eux-mêmes, de l'esprit qu'ils y apportent, et qui souvent laissent fort à désirer.

D'autre part, si la consultation, et même une sorte de décentralisation est utile, il ne peut être question de laisser chaque groupe d'intérêts maître indépendant de son règlement, qui pourrait dans des vues particularistes ou égoïstes, nuire au bien général. Il y a là une réserve supérieure, celle de mesures d'ordre général, de sauvegarde du bien *commun*, qui est le rôle propre de l'autorité publique. Mais nous ne pouvons aborder ici le fond de cette grave controverse; bornons nous à prémunir contre l'exagération d'une idée juste.

la durée de l'engagement, l'obligation et le délai de congé. Un arrêté royal du 1 mars 1901 y a donné suite. 157 sections ont été convoquées, leurs réponses qui ont paru généralement satisfaisantes, pourront peut-être servir à une publication.

CHAPITRE IV.

Les enquêtes. Leur valeur.

L'étude d'une législation étrangère, ou même nationale, demande une enquête attentive ; la *monographie* que nous demandons exige cette enquête, elle en sort ; mais comment s'y prendre? Nous ne songeons pas ici à rechercher ni à fixer le *mécanisme* pratique et technique des enquêtes, ce serait un sujet qui dépasserait de loin la question de la législation comparée, mais nous voudrions dire quelques mots de leur valeur, de la confiance qu'elles peuvent inspirer, car pour notre matière aussi, l'importance en est grande.

On a organisé, on organise partout sans cesse des enquêtes en pays divers. Que valent-elles? Elles valent ce que peuvent valoir leur auteur et sa méthode !

Il peut être curieux de se demander à quoi tient cette valeur? Est-il commode de faire une enquête, une *bonne?*

Ici, comme toujours, rappelons l'adage : *La critique est aisée, l'art est difficile.* Aussi nous ne critiquerons personne, et nous rendons hommage aux efforts parfois très heureux, très réussis. Nous nous bornons à dire un mot des aspérités du travail.

Une enquête doit être exacte, objective, précise, tout cela est clair; elle demande compétence, honnêteté, sagacité.

D'accord ! Mais ces idées sont un peu sommaires.

Quelles sont les difficultés qui se dressent? Nous ne parlerons que des plus saillantes.

Sans doute, il faudra tout d'abord grouper des renseignements généraux, des documents, s'entourer de cette provision préalable de données sans lesquelles on ne sait pas où l'on va. Ce travail peut être très ardu pour un particulier; une société, un office, peut les lui fournir.

Puis il faut étudier la question elle-même, s'en pénétrer, se faire un plan de campagne, sans cependant vouloir le transformer en règle absolue de conduite, car dans l'enquête la mieux préparée il y a une stratégie qui commande souvent sur le terrain, des procédés d'investigation imprévus; plus souvent encore, les observations font surgir des points de vue inattendus. Il faut certes faire ou recevoir un plan, mais il faut aussi savoir s'en départir quand les faits l'exigent.

Mais tout cela, si important que ce puisse être, c'est le côté *externe*, et préalable. Remarquez que nous n'en atténuons pas l'importance, elle est grande. Mais nous ne parlons pas de ce point, nous parlons seulement de l'action immédiate et personnelle de l'*enquêteur*. Or, l'enquêteur est un rouage essentiel de l'enquête, on voudra bien en convenir, quel que soit l'autre rouage dont il dépende.

Qui veut faire une enquête, doit interroger, invoquer des témoignages. Le choix et la critique des témoins sont sa besogne nécessaire.

La critique des témoignages est un point dont l'importance est manifeste. — Et avant la critique même, *le choix des témoins*.

Prenons un enquêteur novice, un homme de bonne volonté quelconque qui veut étudier la législation d'un pays sur le travail des enfants. Nous prenons ce point spécial qui paraît un des plus simples et des plus faciles à constater. Que fera-t-il ? Il cherchera le texte de la loi. Bon début, impossible d'y faire une objection. Et puis ?... Il prendra quelques rapports d'inspecteurs, s'il y en a ; il les résumera consciencieusement... soit. Et puis?... Il y en a qui tireront leur échelle, se déclarant satisfaits.

Loin de moi la pensée de médire de l'inspection qui est indispensable, dont la force est une condition de l'efficacité des lois ; mais toutes les inspections ne se valent ni en organisation ni en sollicitude ; leurs tendances sont variables et leurs impressions aussi. Les rapports d'inspection ne sont pas le dernier mot ; ils ont surtout une valeur comparative, d'une année à l'autre, leur coefficient d'imperfection pouvant demeurer sensiblement le même; mais ce n'est pas encore une règle absolue.

Où trouver une norme? Il faut prendre contact avec les faits, vivre au milieu d'eux, s'imprégner de l'atmosphère régnante, pour pouvoir la fixer.

N'a-t-on pas l'enquête écrite, la correspondance... Ne peut-on, de loin, connaître un pays, et saisir son fil d'Ariane... à distance?

Bien des gens ont éprouvé l'extrême difficulté de ce procédé, même employé avec les plus sérieuses précautions. A qui va-t-on s'adresser? Pas au premier venu, sans doute, mais encore à qui? Tout n'est pas d'écrire, il faut trouver qui réponde et c'est bien la chose la plus lamentable que la force d'inertie des gens les plus sérieux. Je dis lamentable pour ceux qui interrogent, car pour les autres, les interrogés, il n'est ni facile, ni souvent agréable, de fixer ainsi ses idées sur son propre pays, et ceux qui le font le plus aisément ne sont pas ceux toujours dont le témoignage est le plus nécessaire. Il y a des exceptions, je m'empresse de le dire, et la reconnaissance m'oblige à en reconnaître de très dignes, mais dans l'ensemble cela sera encore bien insuffisant. Quelques cloches auront résonné, quelques opinions auront vibré, on ne saura pas l'état général des faits, à moins d'avoir affaire à un correspondant de premier ordre qui fait tout ce travail, complet, objectif, lui-même... *rara avis.*

Et alors enfin, que faire *donc?* L'enquête personnelle est le moyen d'investigation considéré comme le moins imparfait, comme le complément nécessaire de tout autre, notamment de l'enquête écrite quand on y a recours.

L'enquête personnelle! Je pressens toutes les objections. L'enquête personnelle, dira-t-on, est sujette aux mêmes lacunes que sa consœur l'enquête écrite. De plus, elle est moins précise, plus ondoyante. La parole donne un contour vague, l'écrit une note définie. En causant, on élude; en écrivant, on répond. — Il y a là quelque exagération; on peut être aussi vague, plus volontairement vague par écrit qu'en paroles quand l'interlocuteur est pressant. — Mais, d'autre part, dit-on encore, les renseignements écrits sont au moins fidèlement reproduits, les matériaux *oraux* manquent d'unité, de cohésion. Et en effet, pour bien la faire, l'enquête orale demande une investigation méthodique faite par un homme préparé à ce genre de besogne, sachant ce qu'il cherche, s'adressant aux bons endroits, habitué à se remuer parmi les hommes et à s'orienter dans ces questions.

A qui s'adresser? L'enquêteur, officiel ou non, doit être préparé à sa tache par une étude préliminaire. Il doit connaître la question et ses alentours, et avoir quelque idée du pays où il va. Sa première besogne est de réunir les documents, les éléments statistiques, législatifs, administratifs ou autres, et de tâcher de s'éclairer sur leur valeur. Puis il ira à l'objet direct et, suivant un plan combiné, questionnera les *autorités* de la matière, les *témoins* de *son* fait. Le souci d'un résultat sérieux l'oblige à élargir la sphère de ses investigations. Diverses catégories de personnes s'offrent à son activité : les fonctionnaires, les patrons et les ouvriers, les publicistes, les hommes d'œuvres, les politiciens...

On voit d'ici la nature de sa mission. Il doit estimer la valeur des témoignages, et ce n'est pas le point le moins délicat. Il y a du juge d'instruction dans l'enquêteur. Il doit, tout comme l'historien, se livrer à la *critique des sources*. On sait quelle science et quel art en même temps constitue la critique historique. Celle-ci n'est ni moins laborieuse, ni moins ardue, et M. Carroll Wright l'y compare. Elle requiert et l'abondance des renseignements et une bonne dose d'observation psychologique.

On me taxera d'exagération : Il n'est pas, dira-t-on, si difficile de *savoir un fait*. Entendons-nous. Il est des faits simples, clairs qui, évidemment, ne demandent aucun appareil de constatation ou d'investigation. Sans doute il en est, et ceux-là sont acquis déjà par une enquête superficielle. Il n'est certes pas inutile de les signaler. Ce sont même les plus importants, puisque ce sont les plus certains. Il arrive cependant encore de constater qu'un fait qu'on croyait réel, général, ne l'est pas complètement. Et cela vient de la dissimulation, de la négligence, de la complicité des intérêts, du manque de pénétration, de mille causes humaines.

D'autre part, quand il ne s'agit que de réunir des documents, des statistiques, des bilans, on peut réunir ces pièces *non sans peine*, mais sans tout ce luxe de conditions critiques.

La principale difficulté surgit quand il faut apprécier les *résultats*, les effets économiques et sociaux, le degré d'application et d'efficacité d'une mesure, etc.

Les divers témoins, ceux des diverses catégories, ne devront pas être traités de même. Il serait naïf d'insister. Il y a des coefficients d'estimation pour les individus comme pour les catégories, et leur échelle est mobile. On a conseillé de s'adresser à des groupes organisés plutôt qu'à des individus. Je n'accepte pas cette règle absolue. Certes, il est nécessaire de connaître l'opinion des groupes organisés pour avoir un état des esprits ; mais la valeur objective du témoignage d'un groupe peut, suivant les cas, peser plus ou moins que celui d'un particulier. Cela est d'évidence. L'impartialité ne se proportionne pas au nombre, et les groupes ne sont pas plus impartiaux que les individus, parfois ils le sont moins.

Dans les « avis de corps », il y a parfois aussi

un « esprit de corps », et volontiers on y parle de concert et on suit un mot d'ordre. Les groupes organisés, Chambres de commerce, Syndicats patronaux et ouvriers, corps politiques etc., ont leurs documents, leurs enquêtes particulières, leurs références, qui seront précieuses à l'enquêteur, mais qu'il doit passer au crible de son contrôle critique.

A quels témoins faire appel *de préférence?* S'il y en a d'absolument dignes de foi, ils s'imposent par leur caractère et leur autorité, mais la plupart ayant un coefficient d'erreur, il y a lieu de les contrôler les uns par les autres. Des témoignages concordants émanés de personnes ayant des intérêts en sens contraires, ont par eux-mêmes une force et une valeur dont il faut être avide. — Comment contester un fait reconnu et avoué par des esprits passionnés auxquels il enlève des arguments? — S'il y a lieu de rechercher les témoins sûrs, il ne faut donc pas dédaigner ou négliger les autres, qui ont parfois indirectement grande importance. La partialité même avérée d'un témoin ne doit donc pas faire renoncer à son entrevue.

Une autre difficulté vient de l'accueil qu'on reçoit. L'enquêteur doit parfois se faire diplomate avisé. Les rebuffades ne sont pas rares. On est mal venu à s'introduire d'autorité dans certains milieux. Ailleurs, l'investiture officielle seule fait pénétrer. Ici on est accueilli à bras ouverts; là, il suffit d'exhiber un crayon pour susciter la défiance. Qui ne se souvient de ces variétés d'accueil chez les « simples » qui flairent un agent fiscal, chez les défiants qui craignent la police, chez les intransigeants que rebutent les enquêteurs comme tels, chez les aimables enfin, chez les causeurs, enfin chez les trop aimables qui excitent eux-mêmes la défiance, etc. ?

Combien de fois les données recueillies seront divergentes et contradictoires ! Combien de fois l'enquêteur s'arrêtera avec quelque désappointement, un peu de lassitude, une tentation de découragement ! A des affirmations sérieuses, irréductibles mais paraissant sincères, il ne pourra qu'accorder une mention contradictoire dont la publicité fera le contrôle. Au surplus, tout en gardant la sereine impartialité qui fait sa force, il pèsera les témoignages et prononcera sur le fait en motivant son avis.

Y a-t-il moyen de pénétrer plus avant dans le détail de sa mission, de mettre un chiffre au coefficient des témoignages ? Besogne pénible et qui, d'ailleurs, n'est pas à faire pour tous les pays sur les mêmes bases. Prenons les fonctionnaires : ce sont les surveillants attitrés de l'exécution des lois. L'enquêteur se rend chez l'inspecteur du district, après avoir lu ses rapports officiels ; il cherche à préciser son sentiment, à détailler ses constatations, à fixer les circonstances du fait, à dégager leur « morale ». Mais il y a inspecteur et inspecteur ; inspecteur « tant pis » et inspecteur « tant mieux » ; l'un satisfait d'un progrès, ne verra que lui ; l'autre, désolé de ce qui reste à faire, ne pensera qu'à cela : ce sont les deux bouts de la lorgnette ! Il y a encore d'autres différences de tempérament, pour ne parler que de celles là.

Et les industriels. Tel adversaire de la loi insistera sur les difficultés, les mécomptes ou l'inutilité ; tel autre, rallié à la mesure, en montrera la facile application.

Et les ouvriers de même.

Et les politiciens...

Et on me permettra d'ajouter que je n'indique là que les causes de divergences souvent très sincères, ne mettant pas en question la bonne foi des témoignages. Chacun parle sous l'impression du phénomène qui frappe davantage ; il s'y étend, il néglige les faits circonvoisins et les contrecoups. Entre cette sincérité loyale et la mauvaise foi qui se rencontre aussi, il y a tant de degrés, d'auto-suggestion, d'habitudes d'esprit, de raisonnements acceptés tout faits dans le milieu où l'on vit...

Combien diverses aussi les allures ! Tel raconte tranquillement l'expérience qu'il a « vécue », tel autre plaide une thèse, tel expose ce qu'il a fait, tel autre ce qu'on devrait faire...

Dira-t-on qu'une enquête de ce genre demande des qualités spéciales de la part de celui qui l'entreprend? M. de la Palisse n'eût pas mieux dit. Tout travail, pour être bien fait, demande certaines aptitudes spéciales, plus ou moins développées. Une formation préalable, l'étude de quelques modèles, un peu d'expérience, les conseils des maîtres accentuant les qualités natives, comme pour tout métier. Il est clair que, pour faire une bonne enquête, il ne suffit pas d'être touriste. Mais on se crée des relations, on forme son jugement, on étudie ses matériaux, on affine son flair, on aiguise son esprit d'observation et on fait son stage par des essais.

Il y a une autre qualité encore : l'impartialité. L'importance n'a pas besoin d'en être démontrée. N'est il pas clair qu'il y a des enquêtes trop *unilatérales*, trop tendancieuses. Cela ne veut pas dire évidemment qu'il faille abdiquer les convictions raisonnées! Évidemment pas! Mais il faut être correct dans les recherches et leur constatation. Il ne faut pas faire des *dossiers* au lieu de rapports ou d'enquêtes, mais grouper loyalement les témoignages, puis user de *toutes* ses lumières pour les critiquer et les interpréter sagement.

Il ne suffit pas enfin de *bien* constater, voilà où nous en arrivons, il faut aussi comprendre, interpréter, présenter le résultat de ses recherches. Pour ceci, il faut d'avance avoir une compétence dans la matière même dont on poursuit l'étude ; à cette condition seulement on peut savoir ce que signifie telle réponse, obscure en elle-même, ce *demi-mot* qui n'est expressif que pour le « bon entendeur » bien averti ; c'est ce que nous indiquions au début déjà, et paraît bien clair d'ailleurs. Quelque perspicace qu'on soit par ses talents, l'étude bien préparée permet seule de savoir « ce qu'il faut demander ». Un enquêteur préparé et sagace arrive très vite à un résultat sérieux : il fait les questions topiques, et sait de suite ce qu'on veut dire ! N'insistons pas.

Et quand on a réuni des documents « écrits, parlés et vécus », quand les fardes sont gonflées, qu'on a emmagasiné non seulement des faits, mais ces « impressions » si éloquentes et qui ne peuvent être saisies que dans l'enquête personnelle, alors on use des lumières scientifiques qu'on possède, on classe, on compare, on conclue, et là encore est la nécessité de la préparation scientifique, sérieuse, sans laquelle bien des faits n'ont pas de sens, bien des réponses demeurent « lettre morte ».

Il faut à l'enquêteur, une préparation scientifique, pour interpréter, et pour conclure.

Au début surtout, c'est certain, on fera des « écoles », des « gaffes », qu'on nous pardonne le mot. Je dirais volontiers qu'on en fait toujours, de plus ou moins fortes, parce que la sagacité, la diplomatie n'est pas toujours en éveil, aussi vive ; parce qu'on se laisse tromper aux apparences, ce qui arrive aux plus malins.

Mais il y a, dira-t-on, une quantité énorme de travaux de ce genre. Peut-on s'y fier? — Rien de plus simple, en théorie; il faut y appliquer le critère même de la valeur du témoignage. Tout dépend de l'auteur et de la sûreté de sa méthode et de ses procédés. Beaucoup de ces travaux particuliers sont de très précieuses *contributions*, des témoignages qui servent, pour leur part, à former le tableau d'ensemble, sans constituer un résultat définitif par eux-mêmes. On les recueille, on les porte en compte avec leur coefficient même. Parfois aussi on a un travail complet, sûr, présentant les garanties voulues et on s'y tient en confiance.

Il ne faut pas en conclure, n'est-ce pas, — qui s'en aviserait? — que chacun doit refaire une enquête personnelle. Travail de Sysiphe! Serait-il meilleur, d'ailleurs? Mais pour se fier aux témoignages des autres, à leurs enquêtes, s'il y en a, on applique les mêmes règles. A vouloir tout « enquérir » soi-même, on ferait de mauvaise besogne, fût-on même un bon enquêteur. On prend ses éléments à ceux qui ont donné de bonnes contributions et fourni de bonnes enquêtes, on examine leur méthode, et on s'y fie en proportion.

Et cependant on me fera, à la fin de ces réflexions, un gros reproche, et on me l'a déjà fait : C'est décourageant, décevant; à ce compte, on n'est jamais sûr.

Pardon! c'est la prudence. Il est certes très difficile d'arriver à une appréciation complète, objective, adéquate des situations économiques qui sont très complexes ; mais on peut y arriver avec une approximation sérieuse... quand on fait les choses sérieusement. Et on peut s'en référer aux observations d'autrui, dans la mesure où on peut croire à la valeur de ses procédés d'investigation.

Une enquête consciencieuse et bien menée est des plus précieuses, elle peut trancher un débat ; mais une enquête même incomplète et imparfaite peut encore l'enrichir de certains faits acquis, de documents nombreux et importants, de certains aperçus inconnus et rendre ainsi de très utiles services.

Nous n'avons, d'ailleurs, aucune envie de pénétrer sur le domaine philosophique de la certitude, mais il est aussi clair que la connaissance qui se dégage d'une enquête et de ses conclusions comporte bien des degrés, d'après la nature des faits observés ou signalés et d'après les procédés d'investigation de l'auteur, etc.

Les idées que nous venons d'exposer sont des observations que suggère la réflexion, mais elles sont loin d'être toujours appliquées. Il en a été de même en d'autres matières. Et cependant, combien cette critique est nécessaire c'est ce que montrent les si nombreuses, les si faciles erreurs de la statistique et de l'observation superficielle (1). Trop

(1) Notre ouvrage : *Les grandes lignes de l'économie politique*, 3e éd. 1901. Liv. 1, chap. 8. Méthode. — A. Castelein, *La méthode des sciences sociales* (Extrait de *La logique*). Bruxelles 1901.

souvent, on se borne à collectionner des documents. Un récent ouvrage (1) indique quelques causes de ce manque de critique. Il y a une tendance spontanée à croire ce qu'on entend, ce qu'on lit, ce qui est imprimé et surtout formulé en chiffres. On confond *précis* et *exact*, et plus encore *exact* et *authentique*, c'est-à-dire qu'un fait recueilli dans un acte officiel paraît certain ! On trouve la critique laborieuse et on préfère aller vite. Enfin, il y en a qui cherchent *des arguments*, or la critique élimine des documents, appauvrit, et il y a des gens qui cherchent surtout à aligner une grande masse documentaire, soit pour éblouir un auditoire, soit pour prouver leur activité, leur « utilité »; ils tiennent à la masse, à l'impression, plus qu'à la qualité. Hâte, crédulité, négligence, esprit de polémique ou « esprit commercial », comme le qualifie M. Seignobos, ajoutons « esprit politique », il y a une foule de causes qui expliquent l'insuffisance fréquente de la critique. On emploie, plus ou moins consciemment, des documents avariés; on fabrique même de tels documents parfois, ce qui est plus grave, et il est trop clair que ceux qui les « fabriquent » sont surtout ceux qui sont chargés de les faire, mais s'en acquittent parfois comme se font certaines corvées, quand le contrôle est impossible ou difficile.

(1) Ch. Seignobos, *La méthode historique appliquée aux sciences sociales*, Paris, 1901, chap. 2 à 5. (Nous faisons d'ailleurs nos réserves sur bien des idées de ce livre).

Il résulte de tout ceci qu'il faut de la *critique*, ce que nous appelons la critique des témoignages. Cela est nécessaire pour les faits sociaux, comme pour les faits historiques (1). Et l'énorme abondance des documents, statistiques, enquêtes qui nous inondent de nos jours, rend cela de plus en plus laborieux. Il faut, même si on ne peut avec chance de succès, connaître le coefficient d'erreur ou de valeur, il faut au moins n'exploiter les documents que sous les communes réserves qui s'imposent en ces matières.

Il y a déjà longtemps qu'en vue de perfectionner le système, on a créé des organismes spéciaux. L'enquêteur individuel peut assurément arriver sur un point particulier à d'excellents résultats. Mais pour des œuvres importantes, des enquêtes systématiques, un établissement permanent présente de sérieux avantages. Certes, il y a des groupes scientifiques qui ont procédé à des enquêtes considérables. Ce qui peut leur manquer c'est l'harmonie, la coordination. Il y a parfois comme un manque de proportion, d'équilibre. Ce sont des monographies souvent précieuses, mais trop particulières, formant une masse très riche, des éléments très intéressants, plutôt qu'un ensemble, s'attachant trop à tel point, à telle région. Au point de vue de l'appréciation globale, ce n'est pas

(1) Le P. CH. DE SMEDT, de l'Institut de France, *Principes de la critique historique*. Paris 1883.

un reproche; cela n'atteint en rien la grande valeur de nombreux travaux spéciaux de ce genre. Si un point est suffisamment circonscrit, ou le travail assez largement mené, de telles enquêtes peuvent êtres excellentes, décisives même. Mais souvent ces particuliers ou ces groupes manquent des éléments généraux suffisants d'information, des ressources d'hommes ou des ressources matérielles, parfois aussi de l'autorité sur leurs collaborateurs.

De là, dans bien des pays, la création des Offices du travail, dont nous avons parlé, qui s'entourent des informations d'ensemble, qui précisent les points à rechercher, qui choisissent leurs spécialistes, les forment, tout en leur devant laisser la liberté d'allure suffisante pour apprécier la variété des situations, qui profitent enfin d'expériences accumulées et des renseignements incessants et permanents qu'ils concentrent.

Est-ce à dire qu'une enquête faite par un Office central a nécessairement une valeur? Qui le soutiendrait?... Elle a des éléments de succès importants, mais ici encore, il y a une large place ouverte aux différences de méthode. Les questions que nous avons soulevées, *la psychologie du métier*, ont ici comme pour les particuliers, toute leur importance. Cette importance est considérable, et les conditions matérielles ou externes n'y suppléent nullement; les fonctionnaires sont au moins aussi exposés que les particuliers, aux dangers de l'emploi et de la confection hâtifs et vicieux des documents, et il serait bien imprudent d'avoir le fétichisme de l'*officiel;* on sait de reste comment parfois se *bâclent* certains « résultats (?) »

Nous n'avons pas la moindre prétention d'avoir même touché à la *méthode technique*, au procédé d'organisation externe (la forme du questionnaire et tant d'autres points); nous n'avons voulu qu'indiquer quelques traits de la méthode personnelle ou psychologique. Ces conditions, personne n'y peut échapper. Elles peuvent parfois suppléer aux autres, mais l'enquête la plus savamment combinée peut périr... faute d'enquêteur.

Est-ce une raison pour diminuer les enquêtes, pour leur jeter une sorte de blâme ou de discrédit dédaigneux? Nullement. Il en faut, pour constater des faits qui demeureraient inconnus et qu'une observation même simple révèle sans hésitation : bénéfice net. Il en faut, pour les situations compliquées, plus difficiles; — même imparfaites, pourvu qu'elles soient loyales, elles donnent d'ordinaire au moins un contingent de données utiles; puis elles se contrôlent les unes les autres; mais il est clair que, plus compliqué est leur objet, plus il est nécessaire de veiller aux conditions de leur méthode.

Il ne faut être ni sceptique ni crédule, mais prudent et judicieux.

Après tout cela, n'est-il pas audacieux de penser à esquisser soi-même une enquête ou ses résultats?

Oh! non, pas plus qu'il n'est audacieux pour un professeur de pédagogie de faire une leçon, pour un professeur de rhétorique de faire un discours, lesquels ne seront pas parfaits et dont ils verront eux-mêmes les imperfections. On enseigne les règles, on montre l'idéal et les préceptes. On fait... ce qu'on peut. Voilà tout. C'est l'humaine faiblesse de ne pouvoir joindre l'exemple adéquat au précepte. S'il en était autrement, où trouverait-on un professeur de morale? Doit-il être impeccable?

Et après cela, nous disons volontiers : Faites des enquêtes, le mieux possible. Il y a de beaux modèles ; pour n'offenser personne, nous n'en citerons pas. Ne vous laissez pas rebuter par la difficulté, mais efforcez-vous d'en venir à bout. Connaître les difficultés, est la première condition pour les vaincre! Nous ajoutons encore : Quand vous consultez une enquête, commencez par examiner l'auteur et vous assurer de sa méthode, car... il y a enquête et enquête.

Ceci appelle une autre conclusion : il faut préparer et dresser les enquêteurs ; ils ne s'improvisent ni quant à la pratique technique, ni quant aux conditions critiques. C'est petit à petit, par la connaissance des travaux antérieurs, par des essais corrigés avec la bienveillance, la franchise et le désintéressement d'une autorité non purement administrative, et par des conseils, qu'ils se forment. En Allemagne, les *séminaires* universitaires en ont formé un grand nombre; il en est sorti de nombreuses monographies de questions diverses, dont la valeur est très inégale sans doute, et dont la méthode peut être critiquée, mais dont les défauts ne peuvent faire méconnaître l'utilité habituelle d'une préparation scientifique (1).

(1) Il est clair qu'il n'est pas question d'apprécier ici les enseignements théoriques de ces séminaires. Leur formation subit nécessairement l'influence des théories du maitre. Il est impossible qu'il en soit autrement : un enseignement ne va pas sans doctrine. Et une préparation scientifique et doctrinale est nécessaire même pour les enquêtes, nous l'avons dit. Il n'en suit pas qu'il ne puisse y avoir de la loyauté dans l'enquête même. Mais il arrive sans doute que des monographistes imprégnés de certaines théories trop absolues, puissent se laisser dominer par elles dans la recherche même des faits, et nuire par des préjugés, des idées mal établies, à l'efficacité de l'enquête; ce reproche a été fait à certains groupes. Nous avons parlé de la *méthode* des séminaires allemands au *Congrès de la société d'économie sociale,* réuni à Paris en juin 1902 (compte rendu dans la *Réforme sociale).*

Quant à la méthode des enquêtes, bien qu'à un autre point de vue et pour un autre objet, il y a aussi bien des détails curieux dans le livre de M. du Maroussem, *Les enquêtes. Pratique et théorie.* Paris, Alcan 1900, mais des divergences de principe nous séparent de l'auteur qui préconise à tort une formation trop *empirique* de l'esprit.

DEUXIÈME PARTIE.

Législation internationale

CHAPITRE PREMIER.

S'il peut y avoir une législation internationale du travail et ce qu'elle peut être.

L'espèce humaine est une, mais multiples sont les variétés particulières, celles des groupes et des individus. Ces variétés tiennent à une foule de causes. Nous n'avons pas ici à les expliquer, mais leur fait est avéré. Les législations de chaque peuple se ressentent de ces différences ; il ne peut en être autrement. Les lois positives sont faites par et pour chaque peuple particulier; elles subissent donc et l'influence de ses erreurs ce qui est un mal, et celle de son caractère, de son développement, de ses intérêts spéciaux, etc., ce qui est la nécessité même, car il s'agit de contribuer à *son* bien. Nous avons signalé plus haut ces considérations, et vu déjà quelques unes de ces différences ; il en est de très marquées. Il ne peut être question de les méconnaître et de vouloir imposer à tous les peuples, sans égard à leur condition économique, à leur histoire, une règlementation identique, une sorte d'*uniforme*. Ce serait là, certes, un apriorisme absolu, qui a quelque chose de *Jacobin*, selon le sens que Taine a donné à ce mot. L'*internationalisme* législatif ainsi entendu est *faux*, en théorie ; il est *impraticable* en fait. Tout cela résulte bien clairement de la première partie de cette étude. Mais, telle n'est pas nécessairement la portée d'une législation ou d'une protection internationale du travail.

D'abord, en dehors et au dessus des variétés particulières, il est des règles sociales qui sont communes à toute l'humanité, qui tiennent à la nature même. Il en est qui sont le patrimoine commun des peuples élevés dans la civilisation chrétienne. Ceci est élémentaire.

Il est d'autre part des améliorations qui sont très souhaitables, très désirables, que les peuples civilisés doivent chercher à réaliser. Pour le faire, on peut travailler d'accord, dans une pensée commune.

Il n'y a là, en somme, rien qui puisse justement mettre en éveil le souci d'autonomie des nations.

compromettre leur indépendance. Il ne s'agit point d'imposer par la contrainte à tel ou tel État des mesures qu'il estimerait, dans sa légitime appréciation, contraire à son bien. Il s'agit d'amener, par des progrès, des débats, des ententes et des mesures sages, une amélioration générale.

L'allure, dira-t-on, est délicate à bien régler, et les controverses surgissent quand il faut préciser. Dans l'état actuel de l'Europe, en présence de l'incohérence des théories et de la compétition des intérêts, la difficulté est plus réelle. Comme en toute matière internationale, l'absence d'une autorité commune acceptée, se fait sentir. Ici encore l'intervention de l'Église serait la suprême et rassurante solution (1). Mais dans l'état du fait, l'obstacle est bien plus grand. Aussi nous le verrons, est-ce avec prudence, et par voie de propagande et de persuasion, qu'on cherche à avancer, toute autre voie paraissant jusqu'à ce jour, inaccessible au succès.

Des hommes, d'idées fort différentes, se sont prononcés en faveur de certaines ententes internationales de cette nature. Naturellement les catholiques ont aussi sur ce terrain d'importants états de service, bien qu'il y ait par la nature

(1) On trouvera en annexe une lettre de S. S. Léon XIII concernant cette question. Le S. Siége s'intéressa, dans des termes qu'on lira plus loin, en 1890, à la conférence de Berlin. Il fut invité à participer à la conférence internationale de Bâle organisée en 1901. Il a été représenté à celle de Cologne de 1902, dont il sera question plus loin.

même de la question, des divergences qui les divisent (1).

Qu'on veuille donc bien ne pas invoquer contre le mouvement de la législation internationale, les objections de « mauvais internationalisme ». Il y a une législation, qui s'impose partout ; mais la limite en est imprécise. En matière pareille, il faut être prudent, car il y bien des intérêts et des susceptibilités en cause, et parmi eux, de fort respectables ; mais on ne peut par exemple, admettre raisonnablement qu'un pays puisse sans protestation, abuser des forces des enfants en bas âge pour abaisser ses prix de concurrence (undersell); et on peut arriver à faire accepter par les esprits réfléchis, d'autres points encore.

Et maintenant pourquoi tenter ces efforts ? Quelle en est la raison ?

La protection efficace des travailleurs, l'amélioration de leur sort, impose souvent des sacrifices ; ces sacrifices, la concurrence industrielle, si âpre sur le marché du monde, les rend pénibles, souvent difficiles ; ils peuvent compromettre l'avantage d'une mesure par la dépression même qu'ils infligeraient à l'industrie du pays, par la diminution des débouchés, des profits, des salaires. Il y a donc un avantage réel à ce que l'entente se fasse,

(1) Détails intéressants dans Max Turmann, *Le Développement du catholicisme social.* Paris Alcan 1900, chap. 9 : La protection internationale du travail et des travailleurs.

tout au moins à ce que l'équivalence existe, sur les points importants surtout. Certes, il y a de grandes variétés, nous ne les avons pas niées, on l'a bien vu. Mais, encore une fois, il y a aussi des lois nécessaires, sinon dans leur forme, leur caractère détaillé, au moins dans leur fin, leur objet. Il en est d'autres qui sont hautement désirables pour le bien-être public. Tout cela devrait être le patrimoine commun des Etats dits civilisés, et ce patrimoine doit pouvoir s'enrichir avec prudence et sagesse. Il ne s'agit donc pas d'imposer à chaque pays la *même* solution d'une question de protection, un procédé qui soit en désaccord avec son bien propre; il ne s'agit pas davantage d'imposer nécessairement *les mêmes charges*, mais seulement d'amener tous les pays à une solution satisfaisante et sérieuse des problèmes.

Il ne faut pas, en effet, qu'un pays en négligeant ses devoirs, puisse tirer de cette infériorité sociale un bénéfice matériel dans la concurrence! Il ne faut pas davantage que sous ce prétexte, on impose à certains pays telle solution qui lui répugne, qu'on la lui impose quand il en est d'autres, suffisamment efficaces, quoique moins onéreuses. La nuance n'est pas si légère, qu'elle ne soit visible même aux plus prévenus. Il y a quelque parti pris à soutenir qu'on veut emmailloter tous les pays dans la même formule législative : « chape de plomb », « tunique de Nessus », « lit de

Procuste », les images ne manquent pas. Il ne s'agit pas de cela, ou du moins il ne se doit point agir de tout cela. Il faut que la solution soit satisfaisante, et si possible, qu'on s'entende pour réaliser non seulement le nécessaire, mais les améliorations légitimes, de la manière la plus avantageuse. Peut-on contester que ce soit là un résultat précieux? Et quand on demande de procéder ainsi, par exemple, pour supprimer le travail de nuit des femmes, et l'emploi des ingrédients dont l'usage détruit l'ouvrier, peut-on trouver là matière à objection? Peut-on en trouver même quand on demande que tous les pays arrivent à accorder pour les accidents une réparation équivalente, au moins minima, quitte à leur laisser le choix entre les moyens efficaces et sérieux? Mais pour tout cela, il y a des préjugés à vaincre, des difficultés à surmonter, qui se compliquent d'animosités et de défiances. Sans doute, dans l'état actuel du monde politique et économique, l'idée d'un tel accord paraît bien malaisé à réaliser. La lutte est très âpre et très vive; les intérêts même légitimes sont fort délicats; aussi ne peut-on procéder qu'avec une grande circonspection. Mais on ne peut contester qu'il y ait un *minimum* de règles nécessaires, qu'il y en ait d'urgentes, pour le bien général, et que celles-là au moins, il faille chercher à les réaliser, comme aussi à en préparer des progrès ultérieurs.

Il est pour certains pays, une difficulté, une objection spéciale : elle concerne la concurrence à l'étranger, l'exportation.

La question n'est pas simple en elle-même, et le régime douanier vient la compliquer. En divers pays, les tarifs — *protecteurs des entreprises* — compensent les charges que peut imposer la législation *protectrice des ouvriers*. Les deux *protections*, l'une du travail, l'autre de l'entreprise, se font contrepoids. Mais il faut pour cela des pays dont le marché intérieur soit suffisant ; ceux qui vivent surtout d'exportation ne peuvent accepter cette uniformité législative, sans des compensations commerciales, sinon la législation internationale serait pour les petits États, actifs, producteurs, énergiques, un étranglement, une exécution sans phrase, et sous prétexte humanitaire, enlèverait à leur population le moyen même de vivre. Sans doute, les partisans de la protection ouvrière soutiennent qu'elle ne constitue point une charge, parce que l'ouvrier protégé est plus fort, plus actif, plus content, et son effet utile supérieur ; dans une très réelle mesure, l'idée est juste, mais cet argument ne peut être absolument général, ni moins encore immédiat. Il y a là un côté, qui est parmi les plus délicats de la question ; c'est un côté pratique qu'au point de vue belge on ne peut négliger car ce cas est bien le nôtre, en Belgique. Il faut en pareil cas des délais, des mesures de transition réfléchies, et des combinaisons commerciales, qui pour mettre en jeu des éléments et des intérêts fort difficiles à régler, n'en doivent pas moins être l'objet d'une considération attentive, dans l'intérêt même des populations ouvrières. Même dans les grands pays, l'influence de ce facteur peut être sérieuse. En tous cas, pour les petits pays, il peut y avoir là une question grave. Sans doute, ceci est incontestable, il y a des règles que l'humanité impose partout, et si une industrie ne pouvait « vivre » qu'au prix de moyens intolérables, il faudrait la sacrifier et chercher d'autres remèdes. Mais il y a « du plus et du moins ». Une simple *amélioration*, si désirable soit-elle en elle-même, faut-il l'introduire quand il en résulterait pour une population importante, la perte du travail lui-même? Cela ne serait pas raisonnablement soutenable. Pire serait le mal. Sans doute, d'autre part, il faut se garder de maintenir un *mal*, de négliger un *bien sérieux* pour sauver un *profit*, et d'exagérer les *charges*, ou leurs conséquences même momentanées, comme les intéressés souvent sont trop tentés de le faire; il faut au contraire que dans la mesure de son rôle, la loi agisse, et qu'elle ne s'arrête pas à des objections égoïstes ; il ne faut pas prendre là un prétexte facile à l'inertie, s'en couvrir pour conserver des abus et échapper à un effort même difficile; mais il faut assurément tenir compte des situations vraies. Pour les petits pays, la *législation internationale* ne sauverait pas toujours leurs industries, parce que les barrières douanières en neutralisent l'efficacité. Il faut donc marcher avec prudence; il faut sans doute chercher à réaliser l'œuvre, mais avec l'allure de sagesse que comporte le bien social, envisagé à tous ses points de vue. Il faut enfin, et cette conclusion est pratique aussi, que les négociations de législation internationale du travail se combinent avec des négociations douanières corrélatives.

Mais à côté de ces négociations, et en tenant compte des charges réelles, il y a un autre mouvement qu'il faut poursuivre, c'est celui des études montrant qu'avec de la bonne volonté, une organisation sérieuse, et même par le seul résultat parfois de son propre bienfait, telle législation protectrice ne constitue point pour l'industrie la charge que l'on affirmait, qu'elle relève la population industrielle, encourage le travail et favorise les progrès techniques; cela est prouvé par bien des exemples, quand on s'en tient aux mesures raisonnables; c'est là un point de vue que nous ne pouvons développer ici, mais qui, bien étudié, et démontré, faciliterait singulièrement le progrès et l'entente; son importance a peut-être été méconnue, à cause des exagérations mêmes que d'autre part, on y a apportées; il ne faut pas cesser d'en faire l'objet d'une enquête attentive.

CHAPITRE II.

Aperçu historique.

On a bien des fois fait l'historique des projets de législation internationale du travail (1). Autant l'idée paraît naturelle en théorie, autant en pratique elle a rencontré d'obstacles. Quoi de plus naturel, semble-t-il, que de s'entendre sur certaines grandes mesures reconnues indispensables d'abord; de les exécuter avec la loyauté d'un traité; puis, petit à petit, peut-être, de faire un pas de plus et de rendre communes des mesures d'intérêt général moins élémentaires? Et l'utilité pratique d'une telle entente, qui songerait à la contester, puisque la concurrence constitue précisément la grande, la sempiternelle et trop victorieuse objection aux mesures protectrices du travail?

La difficulté gît dans plusieurs faits également impossibles à méconnaître et que nous venons de rappeler. Elle réside d'abord dans les diversités

(1) L'historique très étendu et très détaillé a été fait en 1888 par le Dr Georg Adler. *Der internationale Schutz der Arbeiter. Annalen des Deutsches Reichs fuer Gesetzgebung, Verwaltung und Statistik.* Leipzig.

profondes de traditions historiques, sociales, politiques qui s'opposent a l'uniformité législative, à sa réalisation et surtout à son efficacité. Elle réside dans les différences de conditions physiques et économiques dont il faudrait tenir compte, si l'on voulait étendre largement une législation internationale. Elle réside encore, surtout peut-être, dans l'esprit d'autonomie intraitable de certains pays qui ne consentent pas à lier par des conventions leur législation économique, craignant de voir restreindre, du même coup, leur essor sur le marché extérieur.

Plusieurs de ces difficultés sont assurément réelles et sérieuses; il en est qui résident dans des faits incontestables. Cependant, avec de la bonne volonté, on pourrait s'entendre sur les éléments essentiels, sur des points pas trop compliqués, d'abord tels que le travail des enfants, l'interdiction de certains procédés dangereux dans des industries déterminées, le repos du dimanche, etc., au moins pour commencer. Mais il faudrait de la bonne volonté, et c'est évidemment ce qui manque le plus chez certains pays très intéressés dans la question.

Malgré ces obstacles, l'idée a toujours gardé des partisans, des défenseurs. Ces difficultés, il ne faut pas s'en faire illusion, sont plus intenses aux moments de grande activité des affaires, de grande prospérité industrielle. A ces moments les entraves paraissent plus gênantes, et les hauts salaires rendent plus tolérant.

Jetons un rapide coup d'œil sur le *passé* de ce projet, pour constater ensuite son *point* actuel. Parmi ceux qui l'ont préconisé, il y a des hommes de tous genres. On en a recherché les rétroacts lointains qui ont été rappelés plus d'une fois. Si Owen en parla en 1811, il fut trente années après, en 1841, recommandé par le groupe industriel de Mulhouse auquel se rattachent les noms bien connus de Dollfus et de Daniel Legrand (1). Mais il fallut du temps pour que cette idée passât du domaine théorique à celui des propositions diplomatiques et législatives.

L'idée générale, présentée comme un *desideratum*, ne pouvait d'ailleurs rallier que des sympathies. Combien de fois n'entend-on pas cette réponse faite aux projets d'amélioration ouvrière : « Soit, si les autres le font »; ou, ce qui est la même chose indirectement : « Soit, si on élève les droits protecteurs » !

L'idée d'unifier la législation devait gagner en considération à mesure aussi que s'unifiaient les formes et les conditions générales du travail dans les divers pays. Les conditions de la production, le marché devenant international, les règlements relatifs aux transports, au commerce tendant à

(1) Le mémoire de Legrand est aux Archives fédérales à Berne. Bechaux, *Les revendications ouvrières en France*. Paris 1894, p. 63.

s'unifier précisément par voie d'entente entre les divers pays, la conséquence s'en déduisait naturellement. C'était la voie où il semblait que l'on dût spontanément s'engager. Des noms distingués de la science économique se prononcèrent en sa faveur, sans en nier d'ailleurs les difficultés pratiques, mais reconnaissant que c'était le meilleur moyen d'assurer un progrès sérieux de la protection ouvrière. D'autres cependant y opposaient des objections. Mais l'idée prenait corps dans la science et dans les congrès (1).

Sur la proposition de son président, le colonel Frey, la Suisse (2) prit l'initiative d'une action officielle, en 1881. Cette tentative demeura sans résultat, mais la Confédération helvétique reprit la même idée en 1889. Le conseiller national G. Decurtins adressa au Département fédéral un mémoire étendu qui servit comme exposé des motifs à la reprise de l'action officielle (3) Le pouvoir fédéral se décida à inviter les États à une Conférence internationale pour la protection ouvrière. Cette fois, l'invitation

(1) L'histoire de l'idée, les diverses séances où on la discuta, et la littérature de la question, sont indiquées par l'article de Elster dans le *Handwörterbuch* de Conrad, v° *Fabrikgesetzgebung.*

(2) Beaucoup de détails sur le rôle très actif de la Suisse pour la mise en œuvre de cette idée dans le *Handwörterbuch der Schweizerischen Volkswirthschaft, Socialpolitik und Verwaltung* publié par le Dr Reiche-berg, professeur à l'Université de Berne. V° *Arbeiterschutz (Internationaler)* t. I. Berne 1901.

(3) *La question de la protection ouvrière internationale.* Berne, Collin 1889.

reçut un meilleur accueil, mais le bénéfice en fut ravi à la Suisse par l'intervention du jeune empereur qui venait de ceindre la couronne d'Allemagne. Guillaume II reprit à son compte l'initiative suisse et invita à Berlin les représentants des Puissances. Les négociations préliminaires, tout empreintes de la déférence due à la haute situation de l'État allemand, apportent des acceptations, mais mêlées de certaines réserves (1). La question de la réglementation du travail des adultes, portée au programme initial, dut être écartée, sur les observations de l'Angleterre(2). L'ordre du jour se trouvait limité aux points suivants : Le travail du dimanche; le travail des femmes et des enfants ; le travail dans les mines ; les mesures exécutoires.

Peu avant la réunion de la Conférence, Guillaume II lançait les célèbres rescrits du 4 février 1890, qui déterminaient la portée de son initiative et qui furent considérés, on le sait, comme l'inauguration d'une ère nouvelle, la rupture avec la politique Bismarckienne. La Conférence se réunit à Berlin. Les grands États industriels de l'Europe étaient présents; la Russie s'était abstenue (3).

L'initiative de M. Decurtins en Suisse, puis celle de l'empereur d'Allemagne, n'avaient pas

(1) *Livre jaune français*. Conférence internationale de Berlin. Ministère des Affaires Étrangères, 1890.

(2) *Livre blanc anglais*. Londres. Eyre and Spottiswood, 1890.

(3) *Protocole officiel*. Leipzig, 1890.

laissé le Saint-Siège indifférent. Une lettre de Mgr Jacobini, du 1er mai 1889, faisait parvenir au conseiller d'État suisse, les encouragements du Saint-Père. Par lettre du 8 mars 1890, Guillaume II annonçait au Pape la réunion de la Conférence, lui demandait son appui pour ses travaux et l'informait qu'il y avait invité comme délégué, le prince-évêque de Breslau. Léon XIII accueillit avec faveur cette communication, par une lettre du 14 mars; tout en reconnaissant l'importance de l'action combinée des Gouvernements, et de la conformité des législations, pour autant que le permettent les conditions différentes des lieux et des pays, le Pape insistait d'ailleurs sur l'importance capitale de l'action religieuse; on trouvera en annexe cette lettre du Souverain Pontife.

La Conférence de Berlin se réunit le 15 mars 1890. Elle dura jusqu'au 29. Elle fut ouverte par le Ministre du commerce de Prusse, le baron von Berlepsch (1) qui est demeuré, on le verra, un des chefs du mouvement en Allemagne.

On a bien des fois analysé ses travaux, reproduit ses décisions, critiqué ses résultats. Il est inutile de renouveler cette étude. On a distingué dans l'attitude des divers pays trois groupes : les autoritaires, à la tête desquels se trouvaient l'Alle-

(1) Hans Hermann, Freiherr von Berlepsch, né à Dresde le 30 mars 1843, Ministre du commerce de 1890 à 1896.

magne et la Suisse; les partisans de l'action principale de l'initiative privée : Grande-Bretagne, France, Belgique ; les États industriels moins avancés qui se déclaraient incapables de suivre (1).

Si retentissante qu'eût été l'initiative de Guillaume II, elle n'était pas destinée à produire de grands résultats. La Conférence vota des conclusions qui, d'ailleurs, ne liaient pas les parties, ce qui la transformait en une sorte d'échange de vues ; puis, on vit clairement la difficulté que présentaient les garanties éventuelles d'exécution, les divers pays craignant de céder une part de leur autonomie.

Sans doute, l'Allemagne elle-même, après la Conférence de Berlin, revisa sa loi industrielle; mais, dans l'ensemble de l'Europe, il ne paraît pas contesté que son influence ait été presque nulle.

Les avantages d'une entente et d'une concordance législative n'en subsistaient pas moins, et les esprits qui en étaient frappés conservèrent cette espérance, tout en constatant que la réalisation en était difficile et prématurée ; mais la

(1) Art. Donnat dans le *Dictionnaire d'Économie politique* de Léon Say, au mot : Travail (Réglementation du), n. 8.

Les résultats de la Conférence de Berlin ont été examinés au *Congrès de Bruxelles*, dont nous parlons plus loin. A indiquer pour la Belgique, l'article d'un des délégués belges, le Baron Arnold 't Kint de Roodenbeke, député : *La réglementation du travail et la Conférence de Berlin.* (*Revue Générale*, août 1890).

pensée rentra dans le sommeil. Les Congrès internationaux qui se tenaient périodiquement pour discuter certains points spéciaux de législation, tels que les accidents du travail, ne paraissaient d'ailleurs pas encourageants, car ils mettaient en vedette la divergence de système des pays latins, anglo-saxons et germaniques sur des éléments essentiels.

Mais régler par des conventions, des points simples, précis, écarter ainsi le redoutable argument de la concurrence, est-ce donc aussi impossible? Ne viendrait-on pas à pouvoir, sous la pression de l'expérience, régler ces points comme d'autres relatifs à la protection littéraire, aux transports, aux postes, à l'extradition, à d'autres points encore, qui furent l'objet de conventions lesquelles donnèrent même naissance à une série d'offices internationaux (1)?

Avec plus ou moins d'amplitude, la question demeurait donc ouverte; et, quelques années après la Conférence de Berlin, on crut le moment venu de la reprendre, mais avec une moindre envergure.

L'organisation dans les divers pays, de statistiques du travail et d'offices du travail plus ou moins bien outillés, la diffusion d'idées similaires

(1) *Les Offices internationaux et leur avenir*, par le Chev. DESCAMPS, sénateur, professeur à l'Université catholique de Louvain. *Bulletins de l'Académie royale de Belgique*, 1894.

sur quelques points capitaux de la protection ouvrière, semblaient favoriser cette tentative.

Le 1er juin 1896, le Gouvernement fédéral suisse crut pouvoir pressentir les Puissances sur l'éventualité d'une nouvelle Conférence du travail, ou tout au moins sur la création d'un Bureau international de renseignements. L'essai ne fut pas heureux et la Suisse n'osa pas avancer ; elle constata que « pour l'instant, la Suisse ne saurait entreprendre la réalisation officielle du vœu dont il s'agit, sans s'exposer à un échec éclatant ».

En même temps se produisait en Belgique une initiative privée, d'ordre scientifique, ayant pour objet l'étude même de la législation du travail dans l'ordre international. Sans préjuger la solution, ouvrant la porte à tout le monde, on se proposait d'examiner si la protection internationale était possible et désirable, dans quelle mesure et sous quelle forme ; d'étudier aussi la question des offices internationaux de statistique et de renseignements.

Ce Congrès était convoqué à Bruxelles, à l'occasion de l'Exposition universelle de 1897 ; le Comité avait pour président le duc d'Ursel, sénateur, président du Conseil supérieur du Travail ; pour secrétaire M. Mahaim, professeur à Liége.

Interpellé dans la séance de la Chambre des représentants du 4 mars 1897, M. Nyssens, ministre de l'Industrie et du Travail, déclara qu'après l'accueil fait aux avances de la Suisse, la Belgique ne pouvait raisonnablement prendre une initiative officielle de Conférence, mais qu'il accorderait au Congrès ses encouragements et ses subsides.

Avant même que se réunît le Congrès de Bruxelles, un autre Congrès se réunissait en Suisse. Il avait un caractère différent. C'était un Congrès de protection ouvrière, dont le but était de s'occuper en général de toutes sortes de questions sociales et s'adressant principalement aux représentants des sociétés ouvrières. Il s'ouvrit, le 23 août, à Zurich. Un de ses rapports, celui de M. Curti, conseiller d'État à Saint-Gall, portait sur la création d'un office international pour la protection ouvrière. La conclusion du rapporteur était qu'en présence de l'impossibilité d'obtenir une législation par traité, il fallait y préluder en quelque sorte par la création d'un office destiné à collectionner les lois, à les étudier, à organiser des congrès. Il fallait agir sur l'opinion, sur les parlements. Enfin, on vota que si trois États étaient prêts à collaborer à la création de ce bureau, il fût immédiatement formé.

C'était, on le voit, un office à créer par les États, une institution gouvernementale officielle que demandaient M. Curti et, avec lui, le Congrès de Zurich. En même temps, le Congrès constituait un Conseil permanent pour préparer la réalisation de son vote.

Ce vote avait lieu le 28 août ; le 27 septembre, s'ouvrait le Congrès de Bruxelles. L'Allemagne y était représentée par une délégation nombreuse qui comptait MM. Schmoller, Hitze, Brentano, Lieber, von Mayr, et avait à sa tête le baron von Berlepsch, qui, en qualité de ministre du Commerce de Prusse, avait présidé naguère la Conférence de Berlin en 1890.

On avait décidé que le Congrès ne voterait pas. La discussion prouva qu'on ne voulait pas s'aventurer dans l'essai d'une législation internationale ; qu'on croyait même qu'un office constitué par les Gouvernements, présentait peu de chances d'être établi ; mais elle prouva aussi que bon nombre de membres désiraient, dans l'ordre de l'initiative scientifique et des renseignements mutuels, une entente stable et un organisme actif, quitte à inviter ensuite les Gouvernements à le soutenir. Agir, marcher, telle fut la solution, sans attendre les négociations diplomatiques.

Après le Congrès, dans la salle du bureau, les partisans de cette idée se réunirent et confièrent à quelques membres belges, le soin de dresser un avant-projet sur lequel on pût discuter par la suite et qui permît de constituer, entre les hommes d'étude et les hommes d'action, un groupement, une sorte d'office libre, auquel plus tard les Gouvernements seraient invités à prêter leur concours, et peut-être à donner une investiture officielle. La mission de ce comité était vague ;

il aurait à faire des propositions, à dresser un plan qui pouvait, suivant les circonstances, être modifié. Il est clair que dans la pensée même de ceux qui le formèrent, le but n'était pas défini ; que les uns allaient bien plus loin que les autres ; que pour ceux-ci, il s'agissait d'un office de renseignements, de statistique, de collaboration, tandis que pour les autres, il s'agissait d'un organisme d'action, de propagande, analogue à celui de Zurich, sauf, quant au début, son caractère non officiel.

Que sont devenues, depuis le Congrès de septembre 1897, l'idée de la législation du travail, et celle de l'office international ?

Dans les divers efforts en vue d'arriver à « la législation internationale du travail » on peut, comme l'a fait un auteur allemand d'ailleurs peu sympathique à ces efforts (1), distinguer diverses phases. L'idée d'une vraie législation internationale, d'une loi commune, se manifeste dans la première phase, ainsi que celle des stipulations par conventions ou traités internationaux. Il est clair que la première est la plus difficile à réaliser, car elle établirait en quelque sorte une autorité fédérale au-dessus des souverainetés particulières. Aussi cette idée est-elle réellement abandonnée. Le système des traités se concilie assurément avec la pratique du droit

(1) G. Cohn, *Die Entwickelung der Bestrebungen für internationalen Arbeiterschutz. Braun's Archiv für sociale Gesetzgebung*, 1899. — Cf. *Arbeiterwohl*, Cologne 1899, Heft 8-9.

international, mais la sanction est malaisée à trouver; il faudrait toujours une sorte de contrôle, et la sanction suprême ne pourrait se trouver que dans une guerre ou dans des tarifs douaniers élevés contre les États délinquants. Ce système des traités n'est nullement irréalisable, sans doute, car l'objection existe pour d'autres traités aussi, même pour les conventions postales; la plus grosse difficulté provient du défaut de bonne volonté des États qui refusent de se lier. On le vit à Berlin, à l'attitude des délégués et, en somme, on s'y borna à tracer une sorte de programme de ce qu'on voudrait voir réaliser; on recommanda certaines améliorations aux divers États.

Depuis lors, après un long arrêt, aux Congrès de Zurich et de Bruxelles, on s'attacha à l'idée d'un Bureau international officiel pour préparer l'avènement d'une législation (Zurich) ou d'une association privée en vue du même résultat (Bruxelles). Il est clair qu'on sentait les difficultés, les résistances, qu'on veut chercher à les tourner, et à arriver au but de la protection nécessaire dans les divers pays par les voies qui paraissent les moins hérissées d'obstacles.

Il suffit de parcourir les divers écrits sur la matière pour se rendre compte de ces difficultés, sur lesquelles insistent bien des auteurs (1); s'il ne

(1) Tels, en France, entre autres encore : A. Béchaux. *Les revendications ouvrières en France,* pp. 62 et suiv. Paris, Guillaumin 1894. —

s'agit que d'*études*, les difficultés disparaissent ; s'agit-il d'*action* ou de *législation*, elles surgissent. Il faut donc prudence et modération.

Le Congrès de Bruxelles avait été très modéré, prudent, réservé dans ses conclusions ; il n'avait pas même voté, mais il avait cependant produit un résultat, que nous devons examiner pour fixer, ce qui est l'important, le point actuel

L'œuvre des deux Congrès fut l'objet de divers comptes-rendus et commentaires qui, naturellement, varièrent avec les opinions de leurs auteurs (1). Nous n'avons pas l'intention de les analyser; mais ce qu'il y a lieu de rechercher, c'est si la question, si activement remuée en 1897, est retombée dans le marasme, comme après la Conférence de 1890.

Signalons d'abord qu'à la tribune de la Chambre française, et évidemment en dehors de l'influence des deux Congrès, un grand industriel du Nord, M. Eugène Motte, député de Roubaix, au cours

CHEYSSON. *La réglementation internationale du travail*. Réforme sociale, Paris, 16 janvier et 1 février 1890. *L'internationalisme dans les questions sociales*. Ibid. 1 et 16 octobre 1891.

(1) *Congrès international de législation du travail*, tenu à Bruxelles du 27 au 30 septembre 1897. *Travaux du Congrès. Compte-rendu et procès verbaux*. Bruxelles, Weissenbruch 1898.

Le *Musée social*, de Paris, a publié un fascicule de compte-rendu sur chacun des Congrès de Zurich et de Bruxelles : série A, circulaire 19 et série B, circulaire 14. — M. PIC, professeur à l'Université de Lyon, en a fait l'objet d'un rapport. Lyon, Bonnaviat 1898, etc., etc. — H. CARTON DE WIART, *Lettre sur le Congrès international de Zurich* (*Démocratie chrétienne*, Lille, 1898). — TONIOLO, articles dans la *Rivista internazionale di Scienze sociali*, Roma 1898. etc.

de la discussion du budget de l'Industrie et du Commerce, demanda qu'à l'occasion de l'Exposition de 1900, le Gouvernement français invitât les autres Puissances à envoyer des délégués à une Conférence chargée de résoudre, par voie de traité, la question du travail de nuit. Comme autrefois les industriels de Mulhouse, il y a un demi-siècle, c'est un grand industriel qui commande à 6000 ouvriers, un homme pratique, qui demande cette solution ; le ministre d'alors promit de retenir sa proposition (1). Quelle qu'en soit la suite, l'initiative n'en fut pas moins remarquable.

Les Suisses et les Allemands n'ont pas cessé de se préoccuper de la question. Le Comité belge, plusieurs fois réuni, produisit un projet de constitution d'un Institut international de législation du travail, formé de délégués libres de divers pays, et auquel les Gouvernements seraient invités à nommer des délégués officiels. Ce serait un institut scientifique ayant à la fois une mission d'enquête et de recherches, destiné à établir des relations, sur ce point important, entre les divers groupes d'études, et à faire avancer ainsi les travaux eux-mêmes. L'exemple du Comité permanent des accidents du travail, bien qu'autrement constitué, semblait un argument en faveur de ce projet. Nous ne précisons pas les détails, parce qu'il ne s'agissait là que d'un avant-projet; le Comité

(1) *Séance de la Chambre des députés*, du 8 février 1896.

n'avait d'autre mission que de le formuler et de se mettre ensuite en rapport avec les membres les plus actifs des autres pays, notamment ceux d'Allemagne qui formaient un groupe compact et résolu. Le baron de Berlepsch, d'ailleurs, se mit en rapport avec diverses personnalités françaises, en vue d'arriver à une formule commune qui rallierait les opinions. Sans attendre le résultat de ces négociations, le Comité belge voulut au moins tenter de réaliser un des buts immédiats qu'on avait poursuivis, savoir : la publication rapide des lois ouvrières des divers pays, de façon à pouvoir aisément s'en tenir au courant et les compléter.

Les rapporteurs au Congrès de Bruxelles avaient été priés de faire un tableau de l'état de la législation dans leurs pays respectifs depuis 1890. La plupart des pays sont représentés dans les rapports qui figurent au compte rendu du Congrès. Il s'agissait de se tenir au courant du mouvement législatif. Le Comité fit une démarche officielle près de M. Nyssens, ministre de l'Industrie et du Travail, qui accueillit leur demande avec la plus grande faveur. *Aussitôt dit*, *aussitôt fait* : l'Office du travail et son infatigable directeur, M. Morisseaux, publiaient, avant la fin de 1898, le premier volume d'un *Annuaire de la législation du travail* contenant, traduites et annotées, les lois de 1897(1). C'était rapide, c'était *au courant*. On y

(1) Bruxelles, in-8°, 1898 ; XII-390 p.

fit bon accueil, et c'était un résultat concret et sérieux du Congrès de Bruxelles. C'est ce que constatait M. Nyssens, avec une légitime satisfaction, à la Chambre des représentants, en séance du 31 mars 1898.

Le projet d'*Institut international* fut rédigé et adressé par le Comité belge au groupe allemand. Au début de janvier 1899, une petite réunion de « Socialpolitiker » allemands se réunit à Berlin sous la présidence du Baron von Berlepsch, et décida de convoquer une assemblée plus nombreuse. Celle-ci eut lieu le 3 mai à Berlin, et donna en principe son adhésion au projet. Il y avait 70 présents, d'écoles différentes, mais ayant presque tous quelque notoriété. plusieurs personnages importants des partis sociaux. On y décida quelques modifications au projet belge; puis, à l'unanimité, on résolut de nommer une délégation de 20 membres pour organiser un groupe allemand. Il sembla, dès lors, qu'on ne voulut pas se borner à des études, mais bien créer une action énergique en faveur du progrès de la législation du travail (1).

C'est dans ces conditions qu'on arrivait à l'année 1900 et le Congrès international de Législation du travail réuni à Paris donna à ces travaux préliminaires leur conclusion pratique. Le projet belge

(1) *Soziale Praxis.* Leipzig, nos du 9 mars et du 12 mai 1899.

y fut ratifié avec de légères retouches (1). L'association internationale fut constituée, et l'office de législation du travail fut créé.

Parmi les adhérents à l'idée primitive, dans les divers pays il y avait, il y a encore, bien des divergences (2). Les uns, évidemment, vont plus loin que les autres. Il y a parmi les membres, même parmi les initiateurs, des partisans d'une législation très interventionniste ; il y en a d'autres qui sont modérés dans leurs fins. Pour qu'une telle œuvre réussisse, il est clair que son programme doit être assez large pour ne pas effaroucher, je ne dis pas les libertaires intransigeants qui évidemment sont hors de cause ici, mais les esprits modérés : ceux qui estiment que l'État a des droits et des devoirs vis-à-vis des ouvriers, mais qui ne veulent pas du socialisme tout court, non plus que du socialisme d'État, et qui ne veulent pas étrangler l'industrie. Il fallait, c'est l'évidence même, ne pas aborder un programme absolu, mais tenir compte des opportunités, des idées, des traditions locales. Dans cette mesure, un tel Institut peut être appelé à rendre des services comme d'autres

(1) L'histoire des travaux du Comité belge serait intéressante ; elle a été touchée en certains traits par son secrétaire M. Ernest Mahaim, dans un article de l'*Echo de l'industrie,* de Charleroi, du 29 septembre 1901. *L'association internationale pour la protection légale des travailleurs et la section belge.*

(2) Pic, *Rapport cité.* — Francke, *Internationale Vereinigung zur Förderung der Arbeiterschutzgesetzgebung,* dans la *Soziale Praxis.* Leipzig, 9 mars 1899.

instituts analogues, et servir même utilement la protection du travailleur et le perfectionnement des lois par l'instruction, les renseignements, le concours mutuel des hommes compétents. A ce prix seulement aussi on peut espérer un concours effectif et précieux des pouvoirs publics des divers États. Avec ces tempéraments, dans cet esprit, on peut dire avec un écrivain allemand : « On ne peut songer à une législation identique pour les divers pays, mais la collaboration internationale peut faire espérer le progrès des législations particulières et exercer une influence sur les États retardataires qui, par l'insuffisance de leurs lois, font tort aux autres pays. »

Voilà quel est l'effet utile et efficace de ce groupe international. La prudence et la sagesse seront, comme toujours, la condition et la mesure de son efficacité pratique et de ses résultats.

CHAPITRE III.

L'office international de législation du travail; les conférences de Bâle (1901) et de Cologne (1902).

E pure si muove, disait le soir du 28 septembre 1901, à Bâle, le colonel Frey, ancien président de la confédération helvétique. C'est à *l'office international du travail* qu'il appliquait ce mot, *l'office* dont on venait de constater l'existence, d'organiser le fonctionnement et les travaux.

Nous avons exposé les antécédents ; décrit les phases par lesquelles a passé l'idée d'une législation internationale du travail ; nous en avons dit la haute portée, comme aussi la signification pratique. Pour arriver au but, il faut deux choses : étudier les lois des divers pays, les grouper, les comparer, réunir des documents qui indiquent avec précision leur sens, leur application, leurs concordances et leurs divergences, leurs résultats enfin pour autant qu'ils peuvent être objectivement constatés. — Puis il faut agir sur l'opinion, lui montrer l'importance, la nécessité d'un effort, tâcher dans divers pays d'amener, en ce sens, un travail parallèle des pouvoirs publics.

C'est là une mission que l'initiative privée paraissait cette fois appelée à remplir, mais qui exigeait de la persévérance, de l'entente, de l'énergie. Sans doute, si les gouvernements avaient pu s'accorder par voie directe, le résultat eût été atteint plus vite, et puisqu'il s'agit de matière *législative*, tel eût été leur rôle. Mais il fallait agir. C'est l'œuvre nouvelle. A la Belgique, au Congrès de 1897, revient assurément le mérite d'en être le point de départ. Celui de Paris l'a constituée. Dans l'intervalle des deux Congrès, il y eut bien des difficultés, des incidents ; ils sont intéressants sans doute, mais ce sont ces « broussailles » qui entravent les premiers pas sur tout terrain nouveau et riche ; on a marché et en 1900 tout était prêt ; il n'y avait qu'à sanctionner le projet belge, et à se mettre à l'œuvre. Ainsi fut fait (1).

Une *association internationale* et un *office de législation du travail* furent créés ; leur siège fut fixé en Suisse.

L'importance de l'institution, l'utilité qu'il y a d'en connaître les rouages nous décident à en publier intégralement les statuts. En voici le texte :

(1) *Congrès international pour la protection légale des travailleurs*, tenu à Paris du 25 au 28 juillet 1900. Rapports et compte rendu. 1 vol. in-8°. Paris. Rousseau 1901.

ASSOCIATION INTERNATIONALE

POUR

LA PROTECTION LÉGALE DES TRAVAILLEURS.

STATUTS.

Article premier. — Il est formé une *Association internationale pour la protection légale des travailleurs*. Le siège de l'Association est en Suisse.

Art. 2. — Cette association a pour but :

1° De servir de lien entre ceux qui, dans les différents pays industriels, considèrent la législation protectrice des travailleurs comme nécessaire;

2° D'organiser un *office international du travail* (1) qui aura pour mission de publier en français, en allemand et en anglais, un *recueil périodique de la législation du travail dans tous les pays*, ou de prêter son concours à une publication semblable.

Ce recueil comprendra :

a) Le texte ou le résumé de toutes les lois, règlements et arrêtés en vigueur relatifs à la protection des ouvriers en général, et notamment au travail des enfants et des femmes, à la limitation des heures de travail des ouvriers mâles et adultes, au repos du dimanche, aux repos périodiques, aux industries dangereuses ;

b) Un exposé historique relatif à ces lois et règlements;

(1) Le règlement du travail de l'Office a été voté par la conférence de Cologne, le 23 septembre 1902.

c) Le résumé des rapports et documents officiels concernant l'interprétation et l'exécution de ces lois et arrêtés.

3° De faciliter l'étude de la législation du travail dans les divers pays et, en particulier, de fournir aux membres de l'Association des renseignements sur les législations en vigueur et leur application dans les divers États;

4° De favoriser, par la préparation de mémoires ou autrement, l'étude de la question de la concordance des diverses législations protectrices des ouvriers, ainsi que celle d'une statistique internationale du travail;

5° De provoquer la réunion de Congrès internationaux de législation du travail.

Art. 3. — L'Association se compose de toutes les personnes et des Sociétés [autres que les sections nationales] qui adhèrent au but de l'Association, tel qu'il est indiqué aux articles 1 et 2, et qui versent au trésorier une cotisation annuelle de dix francs (1).

Art. 4. — Tout membre qui, au bout d'un an, aura négligé ou refusé d'acquitter sa cotisation, sera considéré comme démissionnaire.

Art. 5. — Les membres ont droit aux publications éventuelles de l'Association.

Ils ont ainsi que les membres des sections nationales, le droit de recevoir gratuitement du Bureau de renseignements qui pourra être institué, et conformément à son règlement spécial, les indications rentrant dans la compétence de ce Bureau.

Art. 6. — L'Association est dirigée par un Comité composé de membres appartenant aux divers États admis à y avoir une représentation.

Art. 7. — Tout État sera représenté au sein du Comité par six membres, dès que cinquante de ses citoyens auront adhéré à l'Association.

Au delà de ce nombre, chaque groupe nouveau de cinquante adhérents donnera droit a un siège de plus, sans que le nombre total de membres du Comité d'un même État puisse dépasser dix (1).

Les Gouvernements seront invités à désigner, chacun un

(1) Voir plus loin, art. 14.

délégué, qui aura, au sein du Comité, les mêmes droits que les autres membres.

Art. 8. — La durée du mandat des membres du Comité n'est pas limitée et ce Comité se recrute par cooptation.

L'élection de nouveaux membres du Comité en remplacement des membres démissionnaires ou décédés se fera, sur la proposition des membres appartenant respectivement aux Etats ayant droit à des représentants.

Le vote a lieu au scrutin secret, dans une réunion du Comité, dont la convocation contient l'indication des candidats présentés. Les membres n'assistant pas à cette réunion peuvent envoyer au président leur vote sous pli cacheté.

Art. 9. — Le Comité est compétent pour prendre toutes les résolutions utiles à l'accomplissement du but de l'Association.

Il se réunit en Assemblée générale au moins une fois tous les deux ans.

Il peut être convoqué par le Bureau, chaque fois que celui-ci le juge nécessaire, ou quand quinze membres du Comité au moins le demandent.

Le choix du lieu de la réunion résulte de la consultation par écrit de tous les membres du Comité, faite par le secrétaire général, dans les délais fixés par le Bureau.

Art. 10. — Le Comité élit dans son sein, pour deux ans, un Bureau composé d'un président, d'un vice-président et d'un secrétaire genéral.

Le Comité nomme également le trésorier de l'Association.

Art. 11 — Le Bureau a pour mission de prendre les mesures nécessaires pour l'exécution des résolutions du Comité.

Il gère les fonds de l'Association.

Il fait chaque année un rapport au Comité sur sa gestion et ses opérations.

Il nomme les employés et autres personnes nécessaires au service de l'Association.

Il se met en rapport, dans tous les États industriels, avec des spécialistes et des hommes compétents, disposés à fournir des renseignements sur les lois du travail et leur application. Ces personnes pourront recevoir le titre de correspondant de l'Association.

Art. 12. — Le Secrétaire général a la direction de la correspondance de l'Association, du Comité et du Bureau, ainsi que des publications et du service des renseignements.

Art. 13. — Le Trésorier perçoit les cotisations et a la garde des fonds. Il ne fait de paiement que sur le visa du Président.

Art. 14. — Une section nationale de l'Association pourra se former dans un pays, à la condition de compter au moins 50 personnes et de verser à la caisse de l'Association une contribution annuelle minima de mille francs. Les statuts de cette section devront être approuvés par le Comité.

Cette section aura le droit de pourvoir aux vacances qui se produiront, parmi les représentants de son pays, au sein du Comité.

[La représentation d'une section nationale au sein du comité est proportionnelle au nombre de ses membres et au montant en sa contribution annuelle.

Chaque section a le droit de déléguer six membres dans le comité. Pour les sections de plus de 50 membres chaque groupe nouveau de 50 adhérents donne droit à un siège de plus. Toutefois le nombre total des délégués d'une même section ne doit pas dépasser dix et le minimum de la cotisation annuelle sera pour 7 délégués 1125 francs, pour 8 délégués 1250, pour 9 délégués 1375 francs et pour 10 délégués 1500 francs.

Elle a le droit de recevoir cent exemplaires des publications et, en outre, autant d'exemplaires qu'il lui est nécessaire à un prix uniforme et inférieur à 10 francs, à déterminer chaque année par le bureau.

Celui-ci pourra en outre déterminer le prix à payer par les membres qui ne recevront que le Bulletin et le rapport annuel (1)].

Art. 15. – Les présents statuts ne pourront être revisés, en tout ou en partie, que dans une assemblée du Comité, à la majorité des deux tiers des voix des membres présents, et quand la proposition de revision aura été insérée dans la convocation.

Mais ce texte demande quelques éclaircissements La machine commença à fonctionner depuis le 1er mai 1901, à Bâle. Le 27 et le 28 septembre,

(1) Ces paragraphes entre crochets ont été ajoutés par la conférence de Cologne le 27 septembre 1902.

le Comité (art. 6) s'y réunit en assemblée plénière et fixa la marche et l'orientation (1).

Le recrutement de l'Association, depuis sa création à Paris, s'est fait par quelques affiliations directes, mais surtout par la création de groupes régionaux. Ces groupes constitués en sections ou sociétés nationales, se sont organisés de façons très diverses suivant la nécessité, les convenances, les circonstances multiples et variées de chaque pays. La *Société allemande de réforme sociale* (2) poursuit un but beaucoup plus vaste, et s'occupe de questions étrangères même au but proprement dit de l'institut international; cette société veut provoquer en Allemagne une action législative et un mouvement d'opinion par une propagande active, et a mis notamment à son ordre du jour la création d'un office du travail pour l'empire, et la modification du régime des associations ouvrières; elle ouvre largement ses rangs; et *en même temps* fait office de section de l'institut international. L'ancien ministre du commerce de Prusse, le baron de Berlepsch, en est le président.

Ailleurs, on s'est borné à créer une « section »

(1) *L'association internationale pour la protection légale des travailleurs. Assemblée constitutive.* Rapports et compte-rendu des séances. 1 vol. in-8°. Berne, Schmid et Francke. 1901.

(2) *Gesellschaft fuer Soziale Reform.* La *Soziale Praxis* dirigée de Berlin par le Dr Francke, est son organe, et a rendu compte, pas à pas, des décisions et des phases de son organisation, comme aussi d'ailleurs de tous les mouvements d'organisation à l'étranger.

des membres du pays, en vue de grouper et de désigner des délégués, c'est le cas de l'Italie, de la France...

En Belgique l'association régionale (1), tout en faisant appel aux souscriptions nombreuses, est constituée par un noyau d'une soixantaine de membres effectifs, où les forces des divers groupes politiques sont statutairement déterminées, de manière à éviter que l'agitation politique ne s'empare de la nouvelle institution.

Sans entrer dans plus de détails, il est manifeste que les sections ou groupes locaux doivent nécessairement s'organiser de façons fort diverses. C'est à elles, suivant les variétés et les opportunités de chaque pays, à examiner comment elles peuvent se constituer, discuter, agir. Ici on se bornera à une discussion entre membres, laissant à chacun le soin d'en faire valoir les conclusions et les décisions; ailleurs, le groupe exercera une action commune dans le pays. (2)

Ces divers groupes nationaux, ainsi formés,

(1) Le Comité de la Section belge se compose de MM. Gérard Cooreman, président, Adolphe Prins, Arthur Verhaegen, Hector Denis, Victor Brants, Ernest Mahaim, secrétaire. M. le duc d'Ursel avait été le président du Comité provisoire; il a donné sa démission, lors de son élévation à la présidence du Sénat.

(2) Les sections constituées sont : Allemagne, président le Baron von Berlepsch. — Autriche, pr. le prof. von Philippovich. — Belgique, pr. M. Gérard Cooreman. — France, pr. le prof. Cauwès. — Italie, pr. le prof. Toniolo. — Hongrie. — Pays-Bas, pr. M. Kerdyk. — Suisse, pr. le colonel Frey.

nomment leurs délégués au comité central de l'association qui se réunit de temps en temps et décide l'action générale, les mesures d'ensemble. C'est l'association qui met certaines questions à l'ordre du jour de l'opinion, après une étude approfondie, qui prépare, facilite, active la besogne, organise des publications, des congrès. Chaque section nationale peut le faire, dans son pays ; l'association le fera dans l'action internationale.

Mais de son côté, chaque section aussi demeure libre d'organiser comme elle l'entend son action particulière et la mise en œuvre des résolutions centrales qu'elle aura acceptées.

On voit par ces quelques traits, l'idée qui préside au fonctionnement ; les statuts sont la lettre ; l'esprit s'est bien dégagé à Bâle dans la réunion des 27-28 septembre 1901. On a admis une large, une très large autonomie des groupes régionaux. A eux l'initiative libre, l'action, le choix des moyens de diffusion et de propagande, quitte à ne pas contredire le but de l'institut général lui même ; ils peuvent le dépasser, s'occuper d'autre chose, user de procédés très divers, c'est la décentralisation la plus grande ; elle était indispensable, vu la composition des groupes, l'extrême variété des conditions politiques de chaque pays. Tous les esprits judicieux l'ont saisi aussitôt ; l'entérinement des statuts des associations locales n'a été qu'une formalité. On ne s'est arrêté un instant qu'à la vérification des pouvoirs pour constater le droit de chaque pays à un certain nombre de mandats.

Que restait-il donc à faire au Comité central?

Plusieurs choses très importantes pour son but :

D'abord bien organiser l'institution scientifique qui doit être l'*instrument du travail* et qui en même temps, remplira un grand rôle documentaire général, c'est-à-dire l'*office international du travail*.

Puis choisir les questions sur lesquelles les recherches devraient se porter d'abord, et qui sont proposées en même temps comme objectif immédiat aux efforts de l'*association*.

Précisons bien la note qui a prévalu.

L'*office international du travail* a pour but de réunir et de publier des documents, de fournir des renseignements, etc. C'est par sa nature une création d'ordre *scientifique*. Tandis que l'*association* a pour but d'arriver à une concordance et à une amélioration internationale de la législation, l'*office* n'a d'autre but que de faire des recherches, de les publier, de *documenter* les membres, et en particulier, c'est clair, l'association elle-même qui le crée. Mais les deux rouages : *association*, *office*, sont tout-à-fait distincts. La première discute, vote, *congresse*, agit même. Le second recherche, étudie, documente. Tous deux publient, mais dans un ordre et un genre différent. L'*office* est purement, exclusivement objectif, scientifique. Il *sert* l'association, mais il en est, il doit en être distinct. Et la raison? Elle est bien simple : on fait appel au concours des gouvernements; on a décentralisé les *sections ;* on veut faire œuvre sérieuse, avec des concours étendus ; il faut donc écarter toute accusation de parti pris ; il faut que la documentation soit et demeure étrangère aux controverses. On y a insisté, et avec beaucoup de raison. L'*office* est apparu, à la conférence de Bâle de 1901, comme un organisme ayant son caractère propre, nettement scientifique, destiné à des études, des publications, des informations... Si pour le moment, le directeur de l'office se trouve en même temps secrétaire général de l'association, il est bien entendu que c'est là un *cumul* et non une *confusion*; le cumul résulte des circonstances actuelles, des débuts, de la modicité du budget ; peut-être ne durera-t-il pas, surtout si les institutions prennent ampleur et développement, mais la distinction est nette et peu de résolutions ont apparu avec plus de clarté, réunissant l'accord de tous les esprits pratiques, conscients des difficultés et des ménagements à sauvegarder.

Mais quelle sera donc l'œuvre de l'*office* ainsi constitué? Il fallait en tracer le programme, en tenant compte d'éléments divers, du but poursuivi par l'association qui l'a fondé, comme des ressources encore restreintes dont on dispose.

Le directeur de l'office, le Dr Stephan Bauer, professeur à l'Université de Bâle, avait tracé un vaste programme où la législation et la statistique du travail étaient mises en rapport avec une action de l'association elle-même. Nous n'avons pas à analyser ce travail, car la conférence ne l'a pas adopté. Elle a, nous l'avons dit, nettement séparé l'*office* de l'*association* dans leur activité; puis elle s'est bornée à restreindre et préciser le programme pratique immédiat.

Que faut-il publier ?

Une collection complète traduite de la législation ouvrière existant dans les divers pays, intéressante sans doute, eût été fort coûteuse, estimée par devis, à plus de fr. 200.000. De plus on trouve des collections dans les divers pays. On a préféré s'en tenir, pour le moment, à un bulletin et si possible, à un annuaire donnant les lois nouvelles dans leur texte original et leur traduction dans les grandes langues européennes. Pour l'*annuaire*, on décida d'entrer en négociations avec le gouvernement belge qui, depuis le Congrès de 1897, publie un *annuaire de la législation du travail*, initiative à laquelle on rendit un hommage légitime (1).

Quant au *bulletin*, il comprendrait d'abord, dès les premiers n^{os}, les titres et objets des lois protectrices du travail dans les divers pays avec indication des sources où on peut s'en procurer le texte;

(1) Cinq volumes ont paru contenant les lois de 1897, 1898, 1899 1900 et 1901.

ensuite dans ses fascicules successifs, le bulletin comprendra un sommaire des travaux parlementaires sur la protection du travail ; les résolutions des Congrès nationaux ou internationaux et spécialement des Congrès corporatifs relatives à ce même objet ; suivant les ressources, le texte ou l'analyse des mesures, lois, ordonnances, nouvelles ; une bibliographie précise des publications officielles ou privées d'ordre documentaire.

Outre ce bulletin général, l'*association* reprenant *son* rôle, a chargé spécialement l'*office* de la *documenter* sur certains points qu'*elle* met à son ordre du jour immédiat. Ici encore, on a été prudent et précis. L'office devait faire des recherches spéciales sur les points suivants : l'état du travail de nuit des femmes dans l'industrie des divers pays — l'établissement d'un cadre uniforme pour la statistique des accidents du travail — le règlement des questions relatives aux accidents. quant au traitement des étrangers — la règlementation des industries insalubres de la céruse et du phosphore blanc.

Certes, il y a bien plus à faire, mais ceci est déjà vaste, et il ne fallait pas faire trop *à la fois*, si on voulait réussir.

Voilà le travail auquel l'*office* devait s'attacher ; l'*association*, cette fois par l'organe de la conférence, le lui a dicté. Mais il doit le remplir, sans avoir à s'inquiéter de l'usage que l'association fera de ses documents, des avis qu'elle émettra. L'office ne fait que des recherches et des documentations.

Mais il y a plus : l'association fournit des renseignements quand elle le peut, à ses membres, même aux particuliers à certaines conditions. Ce sera l'office qui en sera l'instrument, et certes ce bureau international de renseignements pourra être pour tous les travailleurs de ces graves et vastes questions, d'une extraordinaire utilité, c'est ce qui peut-être lui amènera le plus de relations. Naturellement, l'office renseignera aussi les gouvernements qui, sans doute, reconnaîtront bientôt ses services.

Ces décisions donnent la physionomie de la conférence de Bâle ; les points spéciaux proposés aux recherches de l'*office*, forment en même temps le programme immédiat sur lequel l'*association* tâchait de porter ses efforts, et qu'elle proposait à l'étude La prochaine conférence des délégués fixée à Cologne en 1902 devait constater la situation, émettre des avis sur les suites à y donner et sur l'œuvre de l'avenir.

Donc : *création de l'office international du travail; précision de son rôle et de son programme immédiat ; interprétation des statuts et du rôle de l'association elle-même*, telle a été la besogne réalisée en deux jours par la conférence de Bâle.

Pour se rendre compte de l'importance de ce qui s'est fait, il ne suffit pas d'exposer les résolutions prises, mais il faut se demander par qui elles l'ont été, et quelles sont les chances de succès et de vitalité!

Sept sections ou groupes nationaux de l'association avaient envoyé des délégués à Bâle : l'Allemagne, l'Autriche, la Belgique, l'Italie, la France, les Pays-Bas et la Suisse. Ces trois derniers pays avaient en outre un délégué officiel de leur gouvernement respectif et ont alloué un subside à l'institut ; au dernier moment la nouvelle fut apportée que l'Italie prenait une mesure semblable.

Le Saint Siège, pressenti, témoigna sa sympathie tout en attendant, pour intervenir effectivement, l'attitude des autres gouvernements.

Les délégués, soit élus soit gouvernementaux, étaient là tous ensemble, 37 présents. Il serait trop long de les énumérer (1). Parmi ceux qui prirent la part la plus active aux débats, il faut signaler pour l'Allemagne le Baron von Berlepsch, et le professeur Lujo Brentano ; pour l'Autriche, le professeur E. von Philippovich ; pour la France, M. Fontaine, directeur de l'office du travail et le professeur Raoul Jay ; pour l'Italie, le comte Soderini ; pour la Suisse, le colonel Frey et le directeur de l'industrie, Dr Kaufmann, sans compter naturellement le président de l'association et le directeur de l'office.

(1) Le comité belge était représenté par trois délégués : MM. les prof. Mahaim ; Ernest Dubois, porteur de la voix de M. Verhaegen, et Brants.

La présidence fut dévolue à la Suisse en la personne de M. Scherrer, avocat à St-Gall ; la direction de l'office et le secrétariat de l'association, nous l'avons dit déjà, sont exercés par M. S. Bauer, délégué autrichien, d'abord secrétaire de la Chambre de Commerce de Brünn (Moravie) et actuellement professeur à l'Université de Bâle.

A part l'un ou l'autre « ardent » qui eût voulu aller avant tout et surtout à l'action *agitatoire*, l'impression des membres de la conférence de Bâle fut qu'on avait *fait de la besogne pratique*. Cet office international, objet de longs rêves, confié enfin en vertu des efforts commencés à Bruxelles, à l'énergie d'une association privée, cet office fonctionne avec un programme, avec des rouages, encore incomplets sans doute, des ressources encore restreintes, mais qui permettent d'espérer un travail utile, et un futur développement. On avait pris des décisions empreintes d'un esprit pratique, prudent, objectif, tel qu'il s'imposait dans une assemblée composée d'éléments hétérogènes, de nationalités différentes par la culture industrielle comme par le caractère politique et économique.

On allait donc marcher. Et le mot du colonel Frey *E pure si muove* était bien l'impression dominante. Ce n'était pas sans défiance, sans scepticisme peut-être, que plus d'un délégué avait pris la route de Bâle; les initiateurs les plus chaleureux doutaient fort du résultat en présence de la bigarrure des intérêts et des tendances. Dès la première séance, il fut clair que le *sens pratique* l'emportait, et vraiment, bien que fort animée fût à certains instants quelque controverse, l'entente sur les résolutions principales fut très générale, ralliant des esprits fort divers, des hommes d'opinions contradictoires. En un mot, la conférence de Bâle a travaillé, vite et bien.

Depuis la réunion de Bâle, il y a eu une réelle activité. Le Compte-rendu de la réunion a paru. Le Bulletin a commencé sa publication (1). Il ne contient guère encore que des indications concernant l'année 1901, sans renseignements rétrospectifs. D'autre part, quelques Gouvernements, notamment ceux d'Allemagne (2) et d'Autriche (3) ont donné leur concours en subsides et en documents. Quant aux sections particulières, on peut mal encore juger de leur vitalité. Celle d'Allemagne, avec le caractère tout spécial qu'elle revêt, a eu un rapide développement (4), elle a des groupes

(1) *Bulletin de l'Office international du travail.* Paris, Le Soudier. Iena, Fischer. Berne, Schmid et Francke. Abonnement 10 fr. (Edition française).

(2) *Sociale Rundschau*, Vienne, avril 1902, p. 472.

(3) La déclaration du comte Posadowsky, ministre de l'Intérieur, au Reichstag, en séance du 30 janvier 1902, annonçant un subside à l'office eut l'approbation de l'assemblée.

(4) Le total des membres des huit sections réunies est de 2300 environs. La section allemande a environ mille membres dont 850 particuliers et 130 *Vereine* de tous les partis, sauf les socialistes : ces groupes réunis comptent environ 500,000 affiliés. Sur l'activité de cette section, article du secrétaire Dr Francke. *Sociale Praxis*, 18 sept. 1902.

locaux, des réunions, continue à publier des brochures nouvelles.

Mais nous l'avons dit, chaque section a sa vie propre qui n'engage pas l'association.

La réunion générale de toute l'Association fixée à Cologne en Septembre 1902 pouvait marquer mieux le pas qu'on a pu faire, sans cependant encore donner de présage bien certain pour l'avenir.

La Conférence de Cologne (23-24 septembre 1902) n'a rien modifié d'important aux statuts et au règlement, en ce qui concerne la vraie portée de l'institution. L'œuvre de Bâle a été confirmée, et on a pu constater qu'elle s'était renforcée par l'adhésion de plusieurs gouvernements (1). La plupart des États adhérents avaient envoyé le directeur de leur office du travail ou de leur service de l'industrie. De plus, et le point mérite d'être noté, l'envoi d'un délégué officiel du St-Siège a été annoncé avec un éclat particulier. La mission du comte Edouard Soderini était accompagnée d'une lettre, des plus sympathiques, du cardinal Rampolla.

La Conférence a eu à s'occuper des points portés spécialement à son ordre du jour notamment : le travail de nuit des femmes — l'emploi de certains

(1) Il y avait, à Cologne, douze gouvernements officiellement représentés. La Belgique avait aussi un délégué *officiel*, M. Jean Dubois, directeur de l'Office du travail. Jusqu'ici un court compte-rendu de la Conférence a paru dans la *Soziale Praxis* du 2 octobre.

poisons, dans l'industrie. De nombreux rapports des divers pays l'avaient préparé. Après avoir tranché la question de fond, elle a chargé une commission permanente de procéder au travail d'exécution. En effet, le vote de la suppression du travail de nuit des femmes, par exemple, entraîne dans l'esprit de l'association une série de démarches actives; ce n'est pas le vote d'un congrès quelconque; il faut agir. On décida l'érection d'une commission spéciale qui sera composée de deux délégués de chaque section nationale. Cette commission est chargée de trouver les moyens de réalisation. On voit qu'on entend entrer dans la phase de mise en œuvre. Ce sera l'efficacité de cette action nouvelle qui permettra surtout d'apprécier l'avenir possible de l'institution.

Et maintenant qu'augurer de cet avenir ?

L'Office, en tout état de cause, a gardé et gardera son caractère exclusif d'institut scientifique, et pourra toujours par là rendre de sérieux services.

L'association et son comité vont avoir à faire valoir l'influence d'une initiative de progrès et de réforme sur la législation et les gouvernements. Ce ne sera guère avant quelques mois, peut-être quelques années, qu'on pourra émettre sur cette efficacité une appréciation définitive; mais on est résolu à agir activement.

La Conférence de Cologne a montré que l'institution nouvelle possède une sérieuse vitalité; il s'agit maintenant, et c'est le point délicat, de montrer aussi son influence sur l'opinion publique et sur les divers gouvernements. Il n'a pris que peu de questions pour commencer. On a bien fait. Le vote n'a pas été unanime et l'opportunité de certains termes absolus à été discutée. Ce sera à la commission spéciale et au Bureau qu'incomberont les difficiles initiatives. Tout dépendra de leur tact, de leur sagesse et de leur habileté. Mieux que la conférence elle même encore, ils seront à même d'en sentir et d'en apprécier la nécessité pratique

En tout sans doute s'impose une judicieuse appréciation des circonstances et de l'action qu'il convient d'exercer. Nous le savons, il y a là des opinions multiples représentées par des hommes de théories fort diverses les décisions prises à Bâle mettent l'office et même l'association, à l'abri des conséquences d'une faute « locale » ; mais il faut que l'institut lui-même demeure dans une ligne de conduite prudente.

L'association elle-même, ses membres et ses groupes ont pour mission d'agir sur l'opinion, de travailler au but commun dans la mesure compatible avec leur situation particulière : c'est le côté actif du programme ; il est distinct, on l'a vu, du but de l'office lui-même ; il demande de l'initiative aussi et de la circonspection. A lui seul, l'office, en éclairant, informant, documentant, peut servir déjà à faire avancer le problème. L'effort plus ou moins énergique et mesuré de l'association, des groupes, et en dehors d'elle, des partisans d'une entente, cet effort, pourra contribuer à réaliser enfin la pensée plus haute même qui y préside, mais l'action particulière de telle ou telle section ne peut entraîner ni engager l'ensemble (1).

Les Gouvernements commencent à adhérer, mais beaucoup encore ne l'ont pas fait ; l'Angleterre et la Russie, entre autres, et ce sont des facteurs considérables ; et au surplus l'adhésion des autres est en somme *externe*, car elle n'implique aucun engagement, elle n'*adhère* qu'au travail, à l'étude, à la consultation (2). La concurrence politique et l'*impérialisme* ne facilitent pas l'accord (3). Puis il y a dans bien des esprits des défiances robustes ; on semble ne pas croire qu'on puisse être prudent dans cette voie comme on peut l'être en toute autre. Et cependant pourquoi ne pourrait-on l'être? On doit l'être et bon gré mal gré il faudra bien qu'on le soit, si on ne veut courir à un échec. L'expérience aurait tôt fait de le prouver. La prochaine conférence aura lieu dans deux ans ; alors peut-être l'expérience aura parlé, et on pourra être plus

(1) L'action indépendante des sections est une condition indispensable de l'entente elle-même ; l'office a son but ; l'association a le sien ; les sections régionales le modifient au point de vue de leur action intérieure, si elles s'organisent en sociétés nationales.

(2) Les délégués *officiels* à Cologne, ne votaient pas.

(3) Ces objections se font encore jour dans l'ouvrage récent de M. Béchaux. L'école économique française. Paris 1902, chap. 3.

affirmatif. On verra si les résolutions de l'assemblée de Cologne ont été ou non trop impératives.

Il faut souhaiter que la pensée de rapprocher, pour la protection efficace des travailleurs, les législations de divers pays industriels, cette noble et grande pensée, trouvera dans ces travaux un encouragement et des moyens pratiques ; il faut souhaiter que l'initiative sage, scientifique, en même temps que généreuse et désintéressée qui y a présidé, ne soit pas infructueuse. Des études faites jusqu'ici, les analogies déjà existantes, le sentiment bien net des nécessités mêmes de l'entente, permettent d'en bien augurer. Sans doute, il y a encore, et beaucoup d'obstacles, de défiances, d'hostilités mêmes, qui retarderont et compromettront le succès. Ce n'est pas un motif pour abandonner la partie. Tant d'idées ont dû lutter contre de tels, et même de pires obstacles. Malgré les difficultés que présentent toujours les ententes internationales, quand il s'agit de régler de graves intérêts, il y a cependant une perception chaque jour plus claire d'un bien commun à tous, que cette entente peut assurer d'une manière efficace sur des points très importants ; il n'est pas besoin pour cela d'une législation commune, mais de la concordance efficace et réelle, basée sur des études précises, des données concluantes, sanctionnées par les lois particulières et la loyale constatation de leur équivalence pratique. On ne peut sans doute, disions-nous ailleurs, pour gagner des profits, épuiser la race; mais que de réformes sérieuses, souvent même nécessaires, combien d'améliorations précieuses, souhaitées par les industriels eux-mêmes, sont hélas enrayées par cet argument de la concurrence étrangère; combien seraient facilitées, réalisées, si les divers pays consentaient à s'entendre, dans une large et chrétienne pensée de paix sociale (1).

(1) Pour bien des points d'économie sociale et politique, effleurés dans ces pages, nous renvoyons à notre traité d'ensemble : *Les grandes lignes de l'Économie politique*. Louvain 1901.

ANNEXES.

I. — Belgique.

Organisation du Conseil supérieur du travail, et de l'Office du travail (1).

1. Conseil supérieur du travail. (Arrêté royal du 7 avril 1892. (Extraits).

Considérant qu'un Conseil supérieur du travail, ayant le caractère d'un corps consultatif, peut fournir au Gouvernement d'utiles avis sur les questions relatives au travail.

1. — Il est institué auprès du Ministère de l'agriculture, de l'industrie et des travaux publics, un Conseil supérieur du travail.

2. — Ce Conseil se compose de 48 membres, à savoir : 16 membres représentant les chefs d'industrie, 16 membres représentant les ouvriers, 16 personnes spécialement versées dans les questions économiques et sociales.

3. — Les membres du Conseil supérieur du travail sont nommés par Nous. Leur mandat a une durée de quatre ans.

4. — Le conseil supérieur du travail donne son avis sur les affaires qui lui sont soumises par le Gouvernement et rédige les projets que celui-ci peut lui demander.

Toutes les résolutions du conseil sont prises à la majorité

(1) Les *Conseils de l'industrie et du travail* (loi du 16 août 1887) sont connus par un grand nombre de publications, qui en ont décrit le fonctionnement et l'activité. Nous croyons donc inutile d'en donner ici le texte organique.

absolue des membres présents; en cas de partage, la proposition est rejetée.

5. — Le Conseil supérieur du travail arrête son règlement d'ordre intérieur.

6. — Le Conseil supérieur du travail se réunit en assemblée générale à Bruxelles, à la date fixée par Notre Ministre.

2. Institution et organisation d'un Office du travail.

a) Institution de l'Office du travail. (Arrêté royal du 12 novembre 1894).

1. — Il est institué un Office du travail.

Son organisation, tant à l'administration centrale du département que dans les provinces, sera fixée par un règlement d'administration générale.

2. — L'Office du travail aura pour mission :

« 1° De recueillir, de coordonner et de publier tous renseignements relatifs au travail, notamment en ce qui concerne l'état et le développement de la production, l'organition et la rémunération du travail, ses rapports avec le capital, la condition des ouvriers, la situation comparée du travail en Belgique et à l'étranger, les accidents du travail, les grèves, le chômage, les effets des lois qui intéressent spécialement l'industrie et le travail;

» 2° De concourir à l'étude des mesures législatives nouvelles et des améliorations à introduire dans la législation existante;

» 3° De veiller a l'exécution des lois relatives au travail dans la mesure qui sera indiquée par le règlement d'organisation. »

b) Organisation de l'Office du travail.

Rapport au Roi : La mission principale de l'Office du travail, celle qui forme véritablement sa raison d'être, consiste à recueillir des renseignements statistiques sur la situation faite au travail, ses rapports avec le capital, la condition des classes laborieuses et les effets des lois qui les intéressent spécialement.

Le Conseil supérieur du travail a indiqué les points essentiels sur lesquels devront porter les statistiques dressées par l'Office. Le projet d'arrêté royal ci-joint en consacre l'énumération.

Je n'ai plus à faire ressortir l'importance que présentent des statistiques précises, conduites avec méthode et impartialité. Cette importance est telle, que les recherches statistiques constituent la tâche unique des institutions similaires créées en France, en Angleterre et aux États-Unis.

Il a paru utile néanmoins de ne pas limiter à cet objet la mission de l'Office.

Le projet d'arrêté le charge également de se tenir au courant de la législation étrangère concernant le travail, de la faire connaître en Belgique et de concourir ainsi à l'élaboration des mesures législatives nouvelles.

Enfin, l'Office devra assurer administrativement l'application de diverses lois concernant le travail et la situation des classes ouvrières.

En étendant dans ces limites les attributions de l'Office du travail, le projet d'arrêté évite toutefois de rattacher à une seule et même branche de service l'éxécution des lois ouvrières. La question sociale est complexe; elle intéresse toutes les classes de la société. L'étude ne peut en être abandonnée à quelques-uns; il importe, au contraire, que les diverses administrations du Ministère du travail s'imprègnent des idées nouvelles et coopèrent à l'œuvre commune. L'Office du travail éclairera de ses renseignements statistiques les diverses administration compétentes, de même que celle-ci le seconderont dans sa tache spéciale.

L'inspection du travail, qui a été réorganisée sur des bases complètes par l'arrêté royal du 21 septembre 1894 et qui donne déjà des résultats considérables, contribuera puissamment, de son côté, à faciliter la mission de l'Office.

Il appartiendra au chef du département de veiller à ce que l'unité de vues la plus complète préside à leur fonctionnement et à ce que leurs travaux soient menés d'après un plan d'ensemble méthodiquement tracé et rigoureusement suivi.

L'Office du travail vient combler une grave lacune dans notre organisation administrative.

Arrêté royal organisant l'Office du travail. (12 avril 1895. Extraits).

1. — L'Office du travail a pour mission de s'enquérir, à l'intervention des administrations compétentes, le cas

échéant, de la situation du travail industriel et agricole, ainsi que de la condition des ouvriers dans l'industrie, les métiers, le commerce, l'agriculture et les transports, de rechercher de même les effets des lois et règlements qui les concernent et, en général, de recueillir tous les renseignements qui peuvent contribuer à faire améliorer leur situation matérielle, intellectuelle et morale.

Il s'occupe, notamment, des objets suivants :

La situation économique et commerciale des différentes branches du travail ;

L'état du marché du travail pour les différentes professions ; le chômage, ses causes, sa durée, ses effets, les moyens d'y remédier, y compris l'assurance ;

La situation des ouvriers et apprentis des deux sexes comme salaire et mode de rémunération, durée du travail, jours de repos, conditions d'admission et de résiliation, et autres clauses du contrat de travail ;

Le coût de la vie, le budget des diverses catégories d'ouvriers et d'ouvrières ;

Le prix de détail des objets et denrées ordinairement consommés par la grande masse du public ;

L'influence des impôts sur le revenu, la consommation et les conditions de la classe ouvrière ;

Le nombre des accidents du travail, suivant les professions, la gravité des blessures, la durée de l'incapacité de travail, l'âge et l'état civil des victimes et les causes matérielles et morales des accidents ;

La morbidité des diverses catégories d'ouvriers, suivant l'âge, le sexe et la profession, notamment les maladies provenant de la nature du travail, de l'alimentation, de l'abus des boissons alcooliques ;

Le nombre des ouvriers annuellement refusés à l'armée pour insuffisance de taille, défauts corporels, faiblesse de constitution ;

Le nombre d'ouvriers envoyés annuellement dans les dépôts de mendicité, maisons de refuge, de réforme, de detention de l'État ;

Les conflits industriels entre patrons et ouvriers ; leur fréquence, leurs causes, leurs péripéties, leurs conclusions, leurs conséquences ;

Les résultats des institutions légales ou libres destinées à favoriser l'entente entre les patrons et les ouvriers, conseils de conciliation, conseils d'usine, arbitrage, conseils de l'industrie et du travail, conseils de prud'hommes;

Les résultats des lois sur le travail des femmes et des adolescents, sur le salaire, sur les règlements d'ateliers, le contrat de travail, et, en général, de toutes les dispositions législatives qui constituent des clauses obligatoires du contrat de travail;

Les résultats des mesures et règlements concernant la salubrité et la sécurité des ateliers;

La situation des logements ouvriers, les effets de la loi sur les habitations ouvrières, l'activite des comités de patronage, le développement et les résultats des sociétés pour la construction d'habitations ouvrières;

La situation et le développement des associations de patrons ou d'ouvriers et des associations mixtes;

La situation et le développement des sociétés mutualistes, les résultats de la loi qui les concerne;

La situation, le développement et les différents modes de l'assurance contre la maladie, les accidents, l'invalidité, la vieillesse, ainsi que de l'assurance des veuves et des orphelins;

La situation et le développement de l'épargne dans les diverses parties du pays et selon les catégories d'ouvriers;

La situation et le développement des sociétés coopératives; et les résultats de la loi qui les concerne;

L'étendue et les résultats de l'enseignement industriel et professionnel, de l'enseignement ménager;

La situation de l'apprentissage dans les diverses industries et métiers;

Les effets des mesures prises pour soulager la misère;

Les résultats des mesures relatives aux conditions du travail, adoptées par certaines administrations publiques (minimum de salaire, durée du travail, primes, conseils de conciliation, participation aux adjudications, assurance contre les accidents, etc.);

L'état de l'industrie, les conditions de la production, la situation du travail, le coût de la vie, l'émigration, la colonisation, les grèves, les faits de guerre, etc., dans les pays étrangers.

2. — L'Office du travail est chargé d'étudier et de faire

connaitre le mouvement de la législation concernant le travail et les ouvriers à l'étranger et de rechercher les effets des lois étrangères concernant le travail et les ouvriers.

Il concourt à l'étude des mesures législatives nouvelles et des améliorations à introduire dans la législation existante concernant le travail.

3. — L'Office du travail a dans ses attributions le service administratif relatif à l'exécution des lois et règlements ci-après dans les limites et sous les conditions à déterminer par les règlements intérieurs du département;

Les conseils de l'industrie et du travail;

Les conseils de prud'hommes;

Le conseil supérieur du travail;

Le payement des salaires;

Les règlements d'ateliers;

Le contrat de travail;

L'apprentissage;

L'assurance ouvrière;

Les unions professionnelles;

Les sociétés mutualistes;

La police du travail.

4. — Indépendamment des fonctionnaires et employés nécessaires aux bureaux de l'Office et compris dans les cadres du personnel de l'administration centrale du département, le ministre pourra charger des délégués temporaires de travaux spéciaux et déterminés.

5. — L'Office du travail publie mensuellement un Bulletin officiel sous le titre de *Revue du travail*. Cette revue contiendra notamment des informations sur l'état du marché du travail, le chômage, les conflits industriels entre patrons et ouvriers commencés, terminés ou en cours; les arrangements réglant de nouvelles conditions de travail; les résolutions votées par les conseils de l'industrie et du travail; les accidents du travail et les décisions judiciaires rendues en vertu des dispositions légales sur la responsabilité; les mesures prises par les administrations publiques concernant la salubrité et la sécurité des établissements industriels, la construction des habitations ouvrières, le développement de la mutualité, de la coopération et de l'épargne, l'enseignement industriel, professionnel et ménager, les congrès d'associations ouvrières et les travaux des sociétés qui s'occupent des questions sociales.

Elle fournira aussi des renseignements sommaires sur les fluctuations du commerce, l'exportation et l'importation, s'il y a lieu, les effets de la colonisation, les prix de détail des articles et denrées ordinairement consommés par les travailleurs, ainsi que des tables comparatives des prix de vente en gros sur les premiers marchés du monde. Elle renfermera, enfin, des notes sur les principaux événements affectant le travail et sur le mouvement de la législation du travail à l'étranger.

6. — L'Office du travail éditera en publications distinctes les résultats des enquêtes spéciales, entreprises conformément au programme de l'article 2, ainsi que les travaux exposant la législation du travail dans les pays étrangers et ses résultats.

7. — Le Ministre déterminera, conformément à l'article 19 du règlement organique du département, les délégations à accorder au chef de l'Office du travail, en vue de faciliter l'instruction et l'expédition des affaires.

8. — Il est créé, dans chacun des gouvernements des provinces, un office du travail provincial.

Les gouverneurs détermineront, dans les règlements de leur administration, l'organisation de l'Office du travail provincial ainsi que les attributions diverses qui y seront rattachées.

Un arrêté royal du 25 mai 1895 a créé le Ministère de l'industrie et du travail, auquel l'Office est rattaché.

Par arrêté ministériel du 2 janvier 1897, l'Office du travail est divisé en cinq sections :

Première section : Statistique ;

Deuxième section : Législation et interprétation des lois et arrêtés ;

Troisième section : Exécution des lois et arrêtés ;

Quatrième section : Inspection du travail ;

Cinquième section : Institutions de prévoyance.

II. — Législation internationale.

1. Lettre de S. S. Léon XIII à l'empereur d'Allemagne Guillaume II au sujet de la conférence internationale du travail à Berlin.

MAJESTÉ,

Nous rendons grâce à Votre Majesté de la lettre qu'Elle a bien voulu nous écrire pour nous intéresser à la conférence internationale qui va se réunir à Berlin, dans le but de chercher les moyens d'améliorer les conditions des classes ouvrières.

Il nous est agréable, avant tout, de féliciter Votre Majesté d'avoir pris tant à cœur une cause aussi noble, aussi digne d'une sérieuse attention et qui intéresse l'univers entier. Cette cause, au reste, n'a cessé de nous préoccuper nous-même, et l'œuvre entreprise par Votre Majesté répond à un de nos vœux les plus chers.

Déjà par le passé, comme Elle le rappelle, nous avons manifesté nos pensées sur ce sujet et, avec notre parole, nous avons fait valoir en sa faveur l'enseignement de l'Église catholique, dont nous sommes le chef. Dans une circonstance plus récente, nous avons rappelé de nouveau cet enseignement, et pour que ce difficile et important problème soit résolu selon toutes les règles de la justice, et que les légitimes intérêts de la classe laborieuse soient dûment sauvegardés, nous avons exposé à tous et à un chacun, y compris les gouvernements, les devoirs et les obligations spéciales qui leur incombent.

Sans nul doute, l'action combinée des gouvernements contribuera puissamment à l'obtention de la fin tant désirée. La conformité des vues et des législations, pour autant du moins que le permettent les conditions différentes des lieux et des pays, sera de nature à avancer grandement la question vers une solution équitable. Aussi ne pourrions-nous qu'appuyer hautement toutes les délibérations de la conférence qui tendront à relever la condition des ouvriers, comme, par exemple, une distribution du travail mieux proportionnée aux forces, à l'âge et au sexe de chacun, le repos du jour du Seigneur, et, en général, tout ce qui empêchera que l'on n'exploite le travailleur comme un vil instrument, sans égard pour sa dignité d'homme, pour sa moralité pour son foyer domestique.

Cependant, il n'a pas échappé à Votre Majesté que l'heureuse solution d'une question aussi grave requérait, outre la sage intervention de l'autorité civile, le puissant concours de la religion et la bienfaisante action de l'Église. Le sentiment religieux, en effet, est seul capable d'assurer aux lois toute leur efficacité, et l'Évangile est le seul code où se trouvent consignés les principes de la vraie justice, les maximes de la charité mutuelle qui doit unir tous les hommes.

La religion apprendra donc au patron à respecter dans l'ouvrier la dignité humaine et à le traiter avec justice et équité ; elle inculquera dans la conscience du travailleur le sentiment du devoir et de la fidélité, et le rendra moral, sobre et honnête.

C'est pour avoir perdu de vue, négligé et méconnu les principes religieux, que la société se voit ébranlée jusque dans ses fondements. Les rappeler et les remettre en vigueur est l'unique moyen de rétablir la société sur ses bases, et de lui garantir la paix, l'ordre et la prospérité. Or, c'est la mission de l'Église de prêcher et de répandre dans le monde entier ces principes et ces doctrines ; à elle, par conséquent, il appartient d'exercer une large et féconde influence dans la solution du problème social.

Cette influence, nous l'avons exercée et nous l'exercerons encore spécialement au profit des classes ouvrières. De leur côté, les évêques et les pasteurs, aidés de leur clergé, en agiront de même dans leurs diocèses respectifs, et nous espérons que cette salutaire action de l'Église, loin de se voir contrariée par les pouvoirs civils, trouvera dorénavant chez eux aide et protection ; nous en avons pour garant l'intérêt, d'une part, que les gouvernements attachent à cette grave question, et, de l'autre, l'appel bienveillant que Votre Majesté vient de nous adresser.

En attendant, nous faisons les vœux les plus ardents pour que les travaux de la conférence soient féconds en bienfaisants résultats et répondent pleinement à la commune attente; et, avant de terminer la présente, nous voulons exprimer ici la satisfaction que nous avons éprouvée en apprenant que Votre Majesté avait invité à prendre part à la conférence, en qualité de son délégué, Mgr Kopp, prince-évêque de Breslau. Il s'estimera certainement très honoré de cette marque de haute confiance que Votre Majesté lui donne en cette occasion.

C'est, enfin, avec la plus vive satisfaction que nous exprimons à Votre Majesté les vœux les plus sincères que nous faisons pour sa prospérité et pour celle de son impériale famille.

Du Vatican, le 14 mars 1890.

Signé : LEO, P. P. XIII.

---

2. La Conférence du travail à Berlin. Le protocole final.

---

1. — *Règlement du travail dans les mines.*

Il est désirable : 1° Que la limite inférieure de l'âge auquel les enfants peuvent être admis aux travaux souterrains dans les mines, soit progressivement élevée, à mesure que l'expérience en aura prouvé la possibilité, à 14 ans révolus; pour les pays méridionaux, cette limite sera fixée à 12 ans.

Le travail sous terre est défendu aux personnes du sexe féminin.

2° Dans le cas où l'art des mines ne suffirait pas pour éloigner tous les dangers d'insalubrité provenant des conditions naturelles et accidentelles de l'exploitation de certaines mines ou de certains chantiers de mine la durée du travail devrait être restreinte.

On laisse à chaque pays le soin d'assurer ce résultat par voie législative, administrative, ou par accord entre les exploitants et les ouvriers, ou encore d'après les principes et la pratique de chaque nation.

3° *a)* Que la sécurité des ouvriers et la salubrité des travaux soient assurées par tous les moyens dont dispose la science, et placées sous la bienveillance de l'État;

b) Que les ingénieurs chargés de diriger l'exploitation soient exclusivement des hommes d'expérience et de compétence technique dûment constatées;

c) Que les relations entre les ouvriers mineurs et les ingénieurs de l'exploitation soient le plus directes possible pour avoir un caractère de confiance et de respect mutuels;

d) Que des institutions de prévoyance et de secours soient organisées conformément aux mœurs de chaque pays, destinées à garantir l'ouvrier mineur et sa famille contre les effets de la maladie, des accidents de la vieillesse et de la mort; que les institutions qui sont propres à améliorer le sort du mineur et à l'attacher à sa profession, soient de plus en plus développées;

e) Que dans le but d'assurer la continuité de la production du charbon, on s'efforce de prévenir les grèves.

L'expérience tend à prouver que le meilleur moyen préventif consiste à ce que les patrons et les mineurs s'engagent volontairement, dans tous les cas où des différends ne pourraient être résolus par une entente directe, à recourir à l'arbitrage.

II. — *Règlement du travail du dimanche.*

Il est désirable, sauf les exceptions et les délais nécessaires dans chaque pays, qu'un jour de repos par semaine soit assuré aux personnes protégées; qu'un jour de repos soit assuré à tous les ouvriers de l'industrie; que ce jour de repos soit fixé au dimanche pour les personnes protégées.

Des exceptions peuvent être admises à l'égard des exploitations qui exigent la continuité de production pour des raisons techniques, ou qui fournissent au public les objets de première nécessité, dont la fabrication doit être quotidienne; à l'égard des exploitations qui, par nature, ne peuvent fonctionner que dans des saisons déterminées, ou qui dépendent de l'action irrégulière des forces naturelles.

Il est désirable que, même dans les établissements de cette catégorie, chaque ouvrier ait un dimanche libre sur deux.

Dans le but de déterminer les exceptions à des points de vue similaires, il est désirable que la réglementation soit établie par une entente entre les différents gouvernements.

III. — *Règlement du travail des enfants.*

Il est désirable que les enfants des deux sexes n'ayant pas atteint un certain âge soient exclus du travail dans les établissements industriels; que cette limite soit fixée à douze ans, sauf pour les pays méridionaux où la limite serait de dix ans : que ces limites soient les mêmes pour tous les établissements industriels, qu'il ne soit admis sous ce rapport aucune différence; que les enfants aient préalablement satisfait aux prescriptions concernant l'instruction primaire; que les enfants au-dessous de quatorze ans révolus ne travaillent ni la nuit, ni le dimanche; que leur travail effectif ne dépasse pas six heures par jour et soit interrompu par un repos d'une demi-heure au moins; que les enfants soient exclus des occupations insalubres et dangereuses, ou n'y soient admis qu'à certaines conditions protectrices.

IV. — *Règlement du travail des jeunes ouvriers.*

Il est désirable que les jeunes ouvriers des deux sexes de quatorze à seize ans ne travaillent ni la nuit, ni le dimanche; que le travail effectif ne dépasse pas dix heures par jour et soit interrompu par un repos d'une durée totale d'une heure et demie au moins; que des exceptions soient admises pour certaines industries;

Que des restrictions soient prévues pour les opérations particulièrement insalubres ou dangereuses;

Que la protection soit assurée aux jeunes garçons de seize à dix-huit ans en ce qui concerne la journée maxima de travail, le travail de nuit, le travail du dimanche, leur emploi dans les occupations particulièrement insalubres ou dangereuses.

V. — *Règlement du travail des femmes.*

Il est désirable que les filles et ies femmes ne travaillent pas la nuit;

Que leur travail effectif ne dépasse pas onze heures par jour et soit interrompu par un repos d'une durée totale d'une heure et demie au moins;

Que des exceptions soient admises pour certaines industries et que des restrictions soient prévues pour les occupations particulièrement insalubres ou dangereuses;

Que les femmes accouchées ne soit admises au travail que quatre semaines après leurs couches.

VI. — *Mise à exécution des dispositions adoptées par la conférence.*

Pour le cas où les gouvernements ne donneraient pas suite aux travaux de la conférence, on recommande les dispositions suivantes :

Que l'exécution des mesures prises dans chaque État soit surveillée par un nombre suffisant de fonctionnaires spécialement qualifiés, nommés par le gouvernement, indépendants des patrons et aussi des ouvriers.

Les rapports annuels de ces fonctionnaires, publies par les gouvernements des divers pays, seront communiqués aux autres gouvernements. Chacun des États procédera périodiquement, autant que possible, dans une forme semblable à des relevés statistiques.

Quant aux questions visées dans les délibérations de la conférence, les États participants échangeront entre eux ces relevés statistiques, ainsi que le texte des prescriptions émises par voie législative ou administrative et se rapportant aux questions visées dans les délibérations de la conférence.

Il est désirable que les délibérations des États participants se renouvellent; que ceux-ci se communiquent réciproquement leurs observations que les délibérations de la présente conférence auront suggérées, afin de pouvoir examiner l'opportunité de les modifier ou de les compléter.

Les soussignés soumettront ces vœux à leurs gouvernements respectifs, sous les réserves et avec les observations faites dans les séances des 27 et 28 mars, reproduites dans les procès-verbaux des séances.

Suivent les signatures.

---

3. Statuts de l'association internationale pour la protection légale des travailleurs (ci-dessus, p. 110).

---

4. Statuts du comité belge de législation du travail.

1. Il est constitué à Bruxelles un Comité pour le progrès de la législation du travail.

2. Ce Comité formera la section belge de l'*Association internationale pour la protection légale des travailleurs* fondée à Paris le 28 juillet 1900 et se conformera aux statuts de celle-ci.

3. Le Comité belge comprend des membres titulaires et des membres souscripteurs.

4. Les membres titulaires sont au nombre de 66. Ils participent personnellement au travail du Comité, paient une cotisation de 10 francs au moins et reçoivent les publications de l'Association internationale.

5. Les membres titulaires sont nommés par cooptation à la majorité des suffrages, mais doivent réunir au moins 20 voix.

6. Les membres titulaires nomment les délégués de la Belgique au Comité central de l'Association internationale. Ces délégués sont nommés à la majorité des suffrages exprimés, mais doivent réunir au moins 20 voix.

7. Les nominations prévues aux articles 5 et 6 se font dans une assemblée convoquée au moins 15 jours d'avance. La convocation indiquera les noms des candidats. Les candidats sont présentés soit par deux membres du bureau, soit par cinq membres du Comité. On peut voter par écrit, par billet cacheté, daté et signé du votant.

8. Les 66 premiers membres titulaires sont :

9. Sont membres souscripteurs les personnes ou les Sociétés qui adhèrent aux statuts de l'Association interna-

tionale et paient une cotisation d'au moins 2 francs pour les individus et 20 francs pour les groupes. Ils reçoivent toutes les publications de l'Association ou du Comité dans les conditions suivantes :

Les groupes recevront deux exemplaires des publications; les individus en recevront tout ou partie, par décision du bureau, suivant le montant de leur cotisation et le nombre d'exemplaires disponibles.

10. Tout membre qui, au bout d'un an, et après rappel du trésorier, aura négligé ou refusé d'acquitter sa cotisation, sera considéré comme démissionnaire.

11. Tous les membres titulaires et souscripteurs participent aux avantages que procure l'Association internationale, sauf les restrictions indiquées ci-dessus, les groupes comptant pour deux membres.

12. Il y a au moins chaque année une assemblée générale du Comité; un rapport y est présenté sur la marche de ses travaux et les comptes.

Tous les membres sont admis à cette assemblée ; les groupes peuvent envoyer deux délégués.

Il y a au moins une réunion annuelle des membres titulaires; d'autres réunions seront convoqués si l'utilité en est reconnue par le bureau.

Aucune question ne peut être portée à l'ordre du jour que de l'avis conforme des deux tiers des membres du bureau.

13. Le bureau du Comité belge se compose des délégués au Comité international. Ces délégués désignent dans leur sein un président, un vice-président et un secrétaire. Ils nomment également un trésorier qui peut ne pas faire partie du Comité.

14. Le mandat des membres du bureau est de six ans; un membre élu au cours du mandat achève celui de son prédécesseur.

15. Le bureau a pour mission de prendre toutes les mesures nécessaires pour l'exécution des résolutions du Comité et l'accomplissement du but de l'Association internationale.

Il se réunit sur la convocation du président et du secrétaire ou sur la demande de trois de ses membres.

16. Les présents statuts ne peuvent être revisés, en tout ou en partie, que dans une assemblée générale du Comité ; la proposition doit être transcrite dans la convocation et réunir au moins vingt voix.

Printed in Dunstable, United Kingdom

91221359R00090